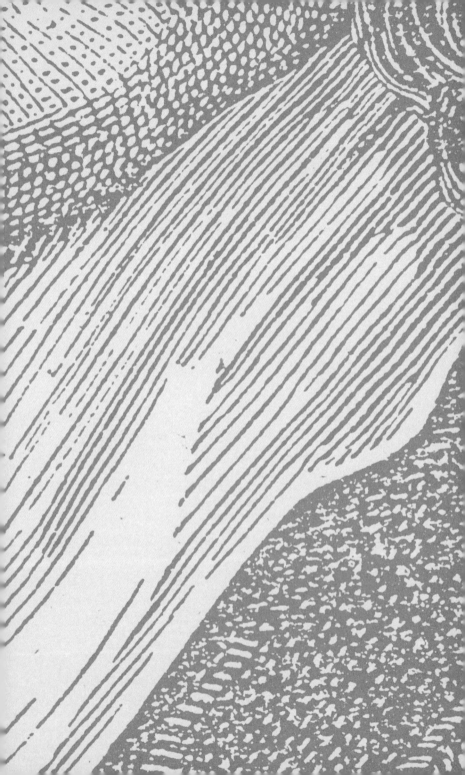

Pensamentos *do sr.* **Pascal** *sobre a religião e sobre outros assuntos, encontrados entre seus papéis após sua morte.*

Pensamentos *do sr.* **Pascal** *sobre a religião e sobre outros assuntos, encontrados entre seus papéis após sua morte.*

SEGUNDA EDIÇÃO *de* PORT-ROYAL, *de* 1670

Traduzido por Claudia Santana Martins

Copyright © 2025 por Editora Mundo Cristão

Traduzido do francês a partir do texto *Les Pensées de M. Pascal sur la religion et sur quelques autres sujets, qui ont été trouvées après sa mort parmy ses papiers*, Seconde Edition, de 1670, produzida pelo mosteiro Port-Royal des Champs, no Vale de Chevreuse, sudoeste de Paris.

Os textos bíblicos foram, de modo geral, extraídos da *Almeida Revista e Atualizada*, 2ª edição (ARA), da Sociedade Bíblica do Brasil, salvo casos em que os versículos foram traduzidos diretamente do latim ou do francês, a fim de preservar o conteúdo original do autor.

Todos os direitos reservados e protegidos pela Lei 9.610, de 19/02/1998.

É expressamente proibida a reprodução total ou parcial deste livro, por quaisquer meios (eletrônicos, mecânicos, fotográficos, gravação e outros), sem prévia autorização, por escrito, da editora.

Edição
Daniel Faria

Revisão
Ana Luiza Ferreira

Produção
Felipe Marques

Diagramação
Gabrielli Casseta

Colaboração
Guilherme H. Lorenzetti

Capa
Jonatas Belan

CIP-Brasil. Catalogação na publicação
Sindicato Nacional dos Editores de Livros, RJ

P279p

  Pascal, Blaise, 1623-1662
    Pensamentos : do sr. Pascal sobre a religião e sobre outros assuntos, encontrados entre seus papéis após sua morte / Blaise Pascal ; tradução Claudia Santana Martins. - 2. ed. - São Paulo : Mundo Cristão, 2025.
    224 p.

    "Segunda Edição de Port-Royal, de 1670"
    Tradução de: Pensées
    ISBN 978-65-5988-389-9

    1. Pascal, Blaise, 1623-1662 - Pensamentos. 2. Cristianismo. 3. Teologia. 4. Apologética. I. Martins, Claudia Santana. II. Título.

24-94708   CDD: 239
                                                CDU: 2-285.2

Meri Gleice Rodrigues de Souza - Bibliotecária - CRB-7/6439

Categoria: Espiritualidade
1ª edição: abril de 2025

Publicado no Brasil com todos os direitos reservados por:

Editora Mundo Cristão
Rua Antônio Carlos Tacconi, 69
São Paulo, SP, Brasil
CEP 04810-020
Telefone: (11) 2127-4147
www.mundocristao.com.br

Sumário

Prefácio   7
Extrato do Privilégio Real   28
Advertência   29

I. Contra a indiferença dos ateus   30
II. Marcas da verdadeira religião   39
III. Verdadeira religião provada pelas contradições que existem nos seres humanos e pelo pecado original   45
IV. Não é inacreditável que Deus se unisse a nós   53
V. Submissão e uso da razão   55
VI. Fé sem raciocínio   57
VII. Que é mais vantajoso crer do que não crer é o que ensina a religião cristã   59
VIII. Retrato de alguém que deixou de buscar a Deus apenas pelo raciocínio e começou a ler as Escrituras   64
IX. Injustiça e corrupção do ser humano   69
X. Judeus   71
XI. Moisés   79
XII. Figuras   81
XIII. Que a lei era figurativa   83
XIV. Jesus Cristo   89
XV. Provas de Jesus Cristo pelas profecias   93
XVI. Diversas provas de Jesus Cristo   100

XVII.	Contra Maomé	103
XVIII.	Plano de Deus de se ocultar a uns e se revelar a outros	105
XIX.	Que a religião dos verdadeiros cristãos e dos verdadeiros judeus é a mesma	110
XX.	Só se conhece a Deus proveitosamente por meio de Jesus Cristo	113
XXI.	Contradições espantosas que se encontram na natureza do ser humano em relação à verdade, à felicidade e a várias outras coisas	117
XXII.	Conhecimento geral do ser humano	124
XXIII.	Grandeza do ser humano	128
XXIV.	Vaidade do ser humano	131
XXV.	Fraqueza do ser humano	134
XXVI.	Miséria do ser humano	140
XXVII.	Pensamentos sobre os milagres	149
XXVIII.	Pensamentos cristãos	159
XXIX.	Pensamentos morais	177
XXX.	Pensamentos sobre a morte, extraídos de uma carta escrita pelo sr. Pascal sobre a morte do sr. seu pai	187
XXXI.	Pensamentos diversos	198
XXXII.	Para pedir a Deus o bom uso das doenças	211
Sobre o autor		223

Prefácio

Em que se conta como estes Pensamentos foram escritos e compilados; qual o motivo do atraso na impressão; qual era o propósito do sr. Pascal com esta obra e como ele passou os últimos anos de sua vida.

O sr. Pascal, tendo abandonado muito jovem o estudo da matemática, da física e de outras ciências profanas, em que fizera um progresso tão grande que certamente poucos conseguiram penetrar mais profundamente do que ele nas matérias específicas de que tratou, começou, por volta dos trinta anos, a se dedicar a coisas mais sérias e mais elevadas, e a se devotar unicamente, na medida em que a saúde lhe permitia, ao estudo das Escrituras, dos Pais da Igreja e da moral cristã.

No entanto, embora ele não tenha se sobressaído menos nestes tipos de ciências do que nas anteriores, como bem demonstram suas obras, que são consideradas muito boas em seu gênero, pode-se dizer, todavia, que se Deus lhe tivesse permitido trabalhar mais algum tempo na obra que planejava escrever sobre a religião, à qual ele queria dedicar o resto da vida, essa obra teria superado em muito todas as outras que dele conhecemos, porque, sem dúvida, as ideias dele sobre esse tema eram infinitamente superiores àquelas que havia desenvolvido sobre todos os outros temas.

Creio que ninguém deixará de se convencer disso com facilidade simplesmente vendo o pouco que está sendo publicado agora, por mais imperfeito que pareça, e principalmente conhecendo a maneira pela qual ele trabalhou nesta obra e toda a história da compilação que foi feita. Eis o que se passou.

O sr. Pascal concebeu o projeto desta obra muitos anos antes de sua morte, mas não devemos nos surpreender que tenha levado tanto tempo para começar a escrevê-la, pois sempre teve o costume de meditar muito sobre as questões e organizá-las em sua mente antes de expressá-las, para melhor considerar e examinar com cuidado quais deveriam vir primeiro ou quais deveriam ser as últimas, e a ordem que deveria dar a tudo, a fim de que pudessem produzir o efeito que desejava. E, como sua memória era excelente — poder-se-ia dizer até prodigiosa, a ponto de ele afirmar com frequência que jamais se esquecia de nada que houvesse registrado em sua mente —, quando havia se dedicado a uma questão por algum tempo, não temia que os pensamentos que lhe viessem pudessem lhe fugir. Por esse motivo costumava adiar o seu registro por escrito, quer por falta de tempo, quer devido à saúde, que era quase sempre fraca ou imperfeita, não lhe dando forças suficientes para trabalhar de modo constante.

Por essa razão, quando de sua morte, perdeu-se a maior parte do que ele já havia concebido relativamente a esse projeto, pois ele não havia escrito quase nada dos principais argumentos de que desejava se valer, dos fundamentos sobre os quais pretendia apoiar a obra e a ordem que intentava seguir, sendo tudo isso, com certeza, muito importante. Tudo isso estava gravado de modo tão marcante em sua mente e memória que, pelo fato de haver deixado de escrever quando poderia tê-lo feito, ele se viu, quando quis fazê-lo, sem nenhuma condição de poder trabalhar.

Todavia, há cerca de dez ou doze anos, houve uma ocasião em que foi obrigado, não a escrever o que tinha em mente sobre esse tema, mas a se pronunciar sobre ele de viva voz. Ele o fez em presença e a pedido de diversas pessoas importantes que eram suas amigas. Diante delas, desenvolveu em poucas palavras o plano de toda a obra: apresentou-lhes qual deveria ser o tema e a matéria; relatou-lhes de modo sucinto as razões e os princípios; e explicou-lhes a ordem e a sucessão de tópicos que desejava abordar. E essas pessoas, que são tão capazes quanto possível para julgar esse tipo de questão, confessam que jamais escutaram nada tão belo, tão forte, tão tocante nem tão convincente; que ficaram encantadas; e que aquilo que viram desse projeto e esboço, em um discurso de duas ou três horas feito ali na hora e de improviso, as levou a julgar o que poderia ser um dia, se fosse executado e conduzido à perfeição por uma pessoa cuja força e capacidade elas conheciam, que costumava trabalhar incansavelmente em todas as suas obras, que não se contentava quase nunca com os primeiros pensamentos, por melhores que parecessem aos outros, e que revisava frequentemente até oito ou dez vezes obras que outros consideravam admiráveis já na primeira versão.

Depois de lhes apresentar quais são as provas que causam mais impressão na mente das pessoas, e que são as mais adequadas para as persuadir, ele se propôs mostrar que a religião cristã apresentava tantos sinais de certeza e de evidências quanto as coisas que são encaradas como as mais indubitáveis no mundo.

Para chegar a essa conclusão, começou com uma descrição do ser humano, sem omitir nada que pudesse ampliar o conhecimento sobre ele, quer interiormente, quer exteriormente, até os movimentos mais secretos de seu coração. Supôs, em seguida, uma pessoa que, tendo sempre vivido em total ignorância e indiferença em relação a tudo — e, sobretudo, a respeito de si mesma —, chega, enfim, a se considerar nesse quadro e a examinar o que é. Surpreende-se ao descobrir uma infinidade de coisas nas quais nunca pensou e não consegue deixar de se espantar e admirar diante de tudo o que o sr. Pascal a faz sentir sobre sua grandeza e pequenez, sobre seus pontos fortes e fracos, sobre as poucas luzes que lhe restam e as trevas que a cercam de quase todos os lados e, enfim, sobre todas as contradições surpreendentes que se encontram em sua natureza. Depois disso tudo, ela não pode mais permanecer na indiferença, se tiver ao menos um pouco de razão e, por mais insensível que tenha sido até então, deve desejar, depois de haver conhecido o que é, conhecer também de onde vem e o que deve se tornar.

Depois de despertar nessa pessoa a disposição de procurar se instruir sobre uma dúvida tão importante, o sr. Pascal a remete primeiramente aos filósofos, e então, tendo relatado tudo o que os maiores filósofos de todas as orientações disseram a propósito do ser humano, mostra-lhe tantos defeitos, tantas insuficiências, tantas contradições e tantas falsidades em tudo o que eles afirmaram que não é difícil para essa pessoa julgar que não é ali que encontrará o que procura.

Em seguida, o sr. Pascal a leva a percorrer todo o universo e todas as épocas, para que possa observar a infinitude de religiões que existem, mas, ao mesmo tempo, faz com que veja, mediante argumentos muito fortes e convincentes, que todas essas religiões estão cheias apenas de vaidade, de loucuras, de erros, de extravios e de extravagâncias, a tal ponto que a pessoa não encontra nada nelas que a possa satisfazer.

Finalmente, ele a leva a lançar os olhos sobre o povo judeu e aponta-lhe circunstâncias tão extraordinárias que atrai facilmente sua atenção. Depois de lhe mostrar tudo o que esse povo apresenta de singular, empenha-se especialmente em indicar-lhe um livro único pelo qual esse povo se governa, e que abrange todo o conjunto de sua história, lei e religião. Basta que se abra esse livro para que se descubra que o mundo é obra de um Deus e que esse mesmo Deus criou o ser humano à sua imagem e o dotou de todos os dons de corpo e espírito que lhe convinham nesse estado. Embora ainda não exista nada que a convença dessa verdade, esta não deixa de lhe agradar; e a razão apenas lhe basta para que encontre mais verossimilhança nessa suposição de que um Deus é o criador dos seres humanos e de tudo o que existe no universo do que em tudo o que esses mesmos seres humanos imaginaram com sua própria inteligência. O que a faz se deter nesse ponto é ver, pela descrição que lhe foi feita do ser humano, que este está bem longe de possuir todos aqueles dons que possuía quando saiu das mãos de seu criador. Mas ela não permanece muito tempo nessa dúvida, porque, continuando a leitura desse mesmo livro, descobre que, depois que o ser humano foi criado por Deus no estado de inocência e desfrutando de todo tipo de perfeição, sua primeira ação foi se revoltar contra o criador e empregar todos os dons que havia recebido para ofendê-lo.

O sr. Pascal a faz, então, compreender que, sendo esse crime o maior de todos os crimes em todas as circunstâncias, foi punido não somente no primeiro ser humano, que, tendo em decorrência disso perdido o estado inicial, caiu na miséria, fraqueza, erro e cegueira, mas foi punido também em todos os seus descendentes, a quem esse mesmo ser humano comunicou e comunicará a corrupção em toda a sucessão dos tempos.

Em seguida, mostra-lhe diversas passagens desse livro onde descobriu essa verdade. Observa-lhe que nesse livro só se fala do ser humano em relação a esse estado de fraqueza e desordem; que nele se diz frequentemente que toda carne é corrompida, que os seres humanos estão abandonados a seus sentidos e que apresentam uma predisposição ao mal desde o nascimento. Ele a faz ver também que essa primeira queda é a fonte não apenas de tudo o que há de mais incompreensível na natureza do ser humano, mas também de uma infinidade de efeitos que estão fora dele e cuja causa lhe é desconhecida. Finalmente, representa-lhe o ser humano tão bem delineado em todo esse livro que não lhe parece mais diferente da primeira imagem que dele esboçara.

Não basta levá-la a conhecer seu pleno estado de miséria. O sr. Pascal lhe ensina ainda que ela encontrará nesse mesmo livro com que se consolar. E, realmente, mostra-lhe que ali está dito que o remédio está nas mãos de Deus, que é a ele que devemos recorrer para obter as forças que nos faltam, que ele se deixará abrandar e até enviará aos seres humanos um salvador, que pagará o resgate por eles e remediará seu desamparo.

Depois de haver lhe explicado muitas observações específicas sobre o livro desse povo, ele a faz ainda considerar que esse foi o único livro que falou dignamente do ser supremo e transmitiu uma ideia de uma religião verdadeira. Indica-lhe os sinais mais significativos dessa religião e os aplica às que esse livro ensinou, e chama atenção de maneira especial para o fato de que nela a essência do culto consiste no amor ao Deus que ela adora, o que é uma característica singular e que a distingue visivelmente de todas as outras religiões, cuja falsidade se torna evidente pela falta desse sinal essencial.

Embora o sr. Pascal, depois de ter conduzido tão longe essa pessoa a quem se propôs persuadir gradualmente, não lhe tenha dito nada que a pudesse convencer das verdades que a levou a descobrir, colocou-a, não obstante, em condições de recebê-las com prazer, desde que se consiga lhe demonstrar que ela deve se deixar persuadir e até mesmo desejar de todo o coração que essas verdades sejam sólidas e bem fundadas, já que nelas encontra grandes benefícios para seu repouso e para o esclarecimento de suas dúvidas. É também o estado onde deveria se encontrar toda pessoa racional, se houvesse acompanhado a série de argumentos que o sr. Pascal acabou de apresentar, e seria de se esperar que, depois disso, se convencesse facilmente com todas as provas que ele apresentasse em seguida para confirmar a certeza e evidência de todas essas verdades importantes das quais falou, e que constituem o fundamento da religião cristã, de cuja verdade ele tinha a intenção de persuadir.

Para mencionar em poucas palavras algo sobre essas provas, depois de haver demonstrado de forma geral que as verdades às quais se referia estavam contidas em um livro de cuja verdade nenhuma pessoa de bom senso poderia duvidar, ele se deteve sobretudo no livro de Moisés, no qual essas verdades se encontram mais concentradas, e demonstrou, por um grande número de circunstâncias indubitáveis, que era igualmente impossível que Moisés tivesse deixado por escrito declarações falsas, ou que o povo ao qual ele as havia legado se tivesse deixado enganar, mesmo que o próprio Moisés tivesse a intenção de enganá-lo.

Falou também de todos os grandes milagres que são relatados nesse livro, e como eles são de grande importância para a religião que nele é ensinada; provou que não era possível que eles não fossem verdadeiros, não apenas pela autoridade do livro onde estão contidos, mas também por todas as circunstâncias que os acompanham e que os tornam indubitáveis.

Mostrou também de que maneira toda a lei de Moisés era figurativa: que tudo o que acontecera aos judeus não havia sido senão a figura das verdades cumpridas com a vinda do Messias, e que, tendo sido erguido o véu que encobria essas figuras, era fácil ver a realização e a consumação perfeita em favor daqueles que receberam Jesus Cristo.

Em seguida, o sr. Pascal se propôs provar a verdade da religião pelas profecias e estendeu-se sobre esse assunto bem mais do que sobre os outros. Como havia se dedicado muito a esse tema e tinha opiniões bastante peculiares sobre ele, explicou-as de um modo bastante inteligível; mostrou o seu sentido e a concatenação entre elas com uma facilidade maravilhosa e as expôs com toda a clareza e força.

Finalmente, depois de ter percorrido os livros do Antigo Testamento e feito ainda diversas observações convincentes para servir de fundamentos e provas da verdade da religião, passou a falar do Novo Testamento e a extrair provas da própria verdade do Evangelho.

Começou por Jesus Cristo e, apesar de já tê-lo provado irrefutavelmente pelas profecias e por todas as figuras da lei, cuja perfeita realização nele se vê, apresentou ainda muitas provas extraídas da própria pessoa de Jesus Cristo, de seus milagres, de sua doutrina e das circunstâncias de sua vida.

Em seguida, deteve-se nos apóstolos. Para mostrar a verdade da fé que eles difundiram com empenho em todos os lugares, depois de haver estabelecido que não se podia acusá-los de falsidade a não ser supondo que eles teriam mentido ou teriam sido enganados, demonstrou claramente que ambas essas suposições eram igualmente impossíveis.

Enfim, não se esqueceu de nada que pudesse servir à veracidade da história evangélica, acrescentando excelentes observações sobre o próprio Evangelho, sobre o estilo dos evangelistas e sobre suas pessoas, sobre os apóstolos em particular e sobre seus escritos; sobre o número prodigioso de milagres; sobre os mártires; sobre os santos; em suma, sobre todas as vias pelas quais a religião cristã se estabeleceu integralmente. E, embora não tenha tido tempo, em um simples discurso, de abordar uma matéria tão vasta tão extensamente como havia planejado fazer em seu livro, disse ao menos o bastante para demonstrar que tudo isso não poderia ser obra humana e que somente Deus poderia conduzir o desenrolar de tantos efeitos diferentes, todos convergindo para provar, de maneira irrefutável, a religião que ele mesmo veio estabelecer entre a humanidade.

Eis, em essência, os principais temas dos quais ele se propôs tratar nesse discurso, que apresentou àqueles que o ouviram apenas como a síntese da grande obra que planejava, e foi por intermédio de um daqueles que estavam presentes que viemos a saber depois o pouco que acabo de relatar.

Veremos, entre os fragmentos que estão sendo publicados, algo desse grande projeto de Pascal, mas muito pouco; e mesmo estes fragmentos que aqui encontramos são tão imperfeitos, tão pouco desenvolvidos e tão pouco elaborados que só podem dar uma ideia bastante grosseira do modo pelo qual ele os desejava abordar.

Ademais, não devemos nos surpreender se, no pouco que está sendo publicado, não tenha sido conservada a ordem e a sequência na distribuição das matérias. Como não havia quase nada ordenado, teria sido inútil seguir a ordem inicial, então se limitou a organizar os fragmentos mais ou menos da maneira que se julgou mais apropriada e conveniente diante do que estava disponível. Espera-se, na verdade, que haja poucas pessoas que, depois de entenderem bem o projeto do sr. Pascal, não preencham elas mesmas as lacunas encontradas nessa ordem e que, considerando com atenção as diversas matérias tratadas nesses fragmentos, não julguem facilmente ao que eles se referem segundo a ideia daquele que os escreveu.

Se tivéssemos pelo menos aquele discurso por escrito, integralmente e na maneira como foi pronunciado, poderíamos nos consolar da perda dessa obra e poderíamos dizer que tínhamos ao menos uma pequena amostra dela, embora muito imperfeita. Mas Deus não permitiu que ele nos deixasse nem um, nem outro, pois, pouco tempo depois que caiu enfermo, com uma doença de langor e fraqueza que se estendeu pelos quatro últimos anos de sua vida e que, embora não parecesse grave exteriormente nem o obrigasse a ficar acamado ou no quarto, não deixava de incomodá-lo muito e de torná-lo quase incapaz de se dedicar ao que quer que fosse, de modo que o maior cuidado e a principal ocupação daqueles que lhe eram próximos era demovê-lo de escrever e até de falar de tudo o que exigisse qualquer esforço e qualquer tensão da mente, e de o entreter apenas com assuntos indiferentes e que não o fatigassem.

Apesar disso, foi durante esses quatro anos de langor e doença que ele organizou e escreveu tudo o que nos deixou dessa obra que planejava, e tudo o que está sendo publicado, pois, embora ele esperasse que sua saúde se restabelecesse completamente para nela trabalhar com empenho e para escrever o que já havia assimilado e organizado em sua mente, não obstante, quando lhe ocorriam novos pensamentos, opiniões, ideias ou mesmo algum torneio de frase ou expressão que previa poder um dia utilizar no projeto, como não se sentisse ainda em condições de se dedicar tanto ao projeto quanto poderia fazê-lo se estivesse em boa saúde, nem de gravar essas ideias em sua mente e memória, preferia escrever para não as esquecer. Com esse fim, apanhava o primeiro pedaço de papel que encontrava ao alcance e ali escrevia seu pensamento em poucas palavras e muitas vezes apenas em meias palavras, pois escrevia só para si mesmo e, por isso, contentava-se em fazê-lo de maneira bastante sucinta, para não fatigar a mente, e registrar apenas o que fosse necessário para depois relembrar as opiniões e ideias em que pensara.

Foi assim que ele compôs a maior parte dos fragmentos que se encontram nesta compilação. Assim, não é de surpreender que existam alguns que pareçam bastante imperfeitos, demasiado curtos e muito pouco explicitados, e nos quais é possível até encontrar termos e expressões menos apropriados e menos elegantes. Ainda assim, às vezes acontecia que, tendo a caneta à mão, ele não conseguisse se conter e cedesse à inclinação de aprofundar os pensamentos e desenvolvê-los um pouco mais, ainda que nunca com a força e aplicação mental de que poderia dispor quando em saúde perfeita. É por isso que se encontram também alguns pensamentos mais bem desenvolvidos e mais bem escritos, e capítulos mais encadeados e perfeitos do que os outros.

Eis como foram escritos estes pensamentos. Creio que ninguém conseguirá avaliar facilmente por esses leves esboços e frágeis tentativas de uma pessoa doente, que ele escreveu apenas para si mesmo e para reviver na mente os pensamentos que temia perder, e que jamais revisou ou retocou, qual teria sido a obra inteira se o sr. Pascal tivesse recuperado a saúde perfeita e dado os toques finais, ele que sabia organizar os pensamentos com tanta clareza e ordem, que dava um acabamento tão particular, tão nobre e tão elevado a tudo o que queria dizer, e planejava dedicar-se a essa obra mais do que a todas as que já havia composto, desejando nela empregar toda a força da mente e todos os talentos que Deus lhe dera, e sobre a qual muitas vezes declarou que necessitaria dez anos de saúde para concluir.

Como se sabia que o sr. Pascal planejava escrever sobre religião, houve muito cuidado, após sua morte, em se recolher todos os escritos que ele havia composto sobre esse tema. Esses escritos foram encontrados todos juntos, amarrados em maços, mas sem nenhuma ordem ou sequência, porque, como já comentei, aquelas eram apenas as primeiras expressões de seus pensamentos que ele escrevia em pedacinhos de papel à medida que lhe vinham à mente. E tudo estava tão imperfeito e mal escrito que foi muito penoso decifrar.

A primeira ação tomada foi copiar os fragmentos como estavam e na mesma confusão em que foram encontrados. Mas, ao vê-los nesse estado, em que era mais fácil lê-los e examiná-los do que nos originais, pareceram de início tão amorfos, tão mal concatenados e, na maior parte, tão pouco explicitados, que durante muito tempo não se pensou em publicá-los — apesar de várias pessoas ilustres o reivindicarem com frequência, com insistentes solicitações —, porque se julgava que seria impossível satisfazer às expectativas e à ideia que todos haviam formado dessa obra, da qual já haviam ouvido falar, caso esses escritos fossem publicados no estado em que se encontravam.

Finalmente, teve-se que ceder à impaciência e ao grande desejo que todos manifestavam de vê-los impressos. E chegou-se a essa decisão mais tranquilamente porque se acreditava que aqueles que os leriam seriam justos e conseguiriam distinguir um projeto esboçado de uma obra acabada, e julgar a obra a partir da amostra, por mais imperfeita que fosse. Assim, decidiu-se publicá-los. No entanto, como havia diversas maneiras de o fazer, levou algum tempo até se determinar qual seria a adotada.

A primeira em que se pensou e aquela que era, sem dúvida, a mais fácil, era publicar os fragmentos imediatamente no mesmo estado em que haviam sido encontrados. Mas logo se considerou que, caso se procedesse dessa forma, se perderia quase todo o fruto que se poderia esperar, porque, estando os pensamentos mais perfeitos, mais concatenados, mais claros e mais desenvolvidos misturados e como que absorvidos em meio a tantos outros imperfeitos, obscuros, mal assimilados e alguns até quase ininteligíveis para qualquer um que não fosse aquele que os escreveu, havia muitos motivos para se acreditar que os segundos prejudicariam os primeiros, e que tal volume, acrescido inutilmente de tantos pensamentos imperfeitos, viria a ser considerado como um agregado confuso, sem ordem, sem concatenação e que para nada serviria.

Havia outra maneira de publicar esses escritos, que seria revisá-los primeiro, esclarecer os pensamentos obscuros, dar uma finalização aos inconclusos e, considerando em todos esses fragmentos o projeto do sr. Pascal, complementar de alguma forma a obra que ele pretendia criar. Esse caminho seria, com certeza, o melhor, mas era também difícil demais de executar a contento. Passou-se muito tempo cogitando-se na possibilidade de efetivá-lo e, com efeito, já se havia começado a trabalhar nesse sentido. No entanto, finalmente, resolveu-se rejeitá-lo tanto quanto o primeiro, porque se considerou que seria quase impossível penetrar adequadamente no pensamento e no projeto de um autor, e sobretudo de um autor já falecido, e que isso não seria publicar a obra do sr. Pascal, mas uma obra completamente diferente.

Assim, para evitar os inconvenientes que advinham de qualquer um desses métodos de publicar esses escritos, escolheu-se um meio-termo, que foi o seguido nesta coleção. Escolheu-se entre aquele grande número de pensamentos os que pareciam mais claros e mais acabados, e estes foram publicados da forma como foram encontrados, sem nada acrescentar nem alterar — exceto nos casos em que esses pensamentos se encontravam sem continuidade, sem conexão e dispersos confusamente aqui e ali. Esses pensamentos foram, então, dispostos em alguma ordem, reunindo-se sob o mesmo título os que tratavam do mesmo assunto e suprimindo-se todos os outros que eram obscuros ou imperfeitos demais.

Não que eles não contivessem belas ideias e que não fossem capazes de transmitir valiosas opiniões aos que os entendessem bem. Contudo, como não se queria cumprir a tarefa de esclarecê-los e completá-los, eles teriam sido completamente inúteis na forma em que estavam. Para que se tenha uma ideia do problema, fornecerei apenas um exemplo, pelo qual se poderá julgar todos os outros que foram suprimidos.

Eis, então, o exemplo de um desses pensamentos e em que estado foi encontrado entre os fragmentos: *Um artesão que fala de riquezas, um procurador que fala da guerra, da realeza*, etc. *Mas o rico fala bem das riquezas, o rei fala friamente de uma grande doação que acaba de fazer e Deus fala bem de Deus.*

Há nesse fragmento um belo pensamento, mas poucas pessoas o entenderiam, porque está expresso de maneira imperfeita, muito obscura, curta e resumida demais, de forma que, se tivéssemos escutado o autor enunciar de viva voz esse mesmo pensamento, seria difícil reconhecê-lo em uma expressão tão confusa e intricada. Eis, em linhas gerais, em que ele consiste.

O sr. Pascal havia feito várias observações particulares sobre o estilo das Escrituras e, principalmente, do Evangelho, tendo ali descoberto belezas que talvez mais ninguém houvesse observado antes dele. Admirava, entre outras coisas, a inocência, simplicidade e, por assim dizer, a frieza com que Jesus Cristo parece falar das coisas mais elevadas e mais importantes, como, por exemplo, o reino de Deus, a glória que os santos terão no céu, os castigos do inferno, sem se estender, como fizeram os Pais da Igreja e todos aqueles que escreveram sobre esses assuntos. E ele dizia que a verdadeira causa disso era que tudo o que é infinitamente elevado e sublime para nós não o é em relação a Jesus Cristo, e que, assim, não deveríamos nos surpreender de que ele falasse desse modo, sem assombro nem admiração, assim como se vê, sem comparação, um general do exército falar com simplicidade e sem emoção do cerco de uma praça importante e da vitória em uma grande batalha, e um rei falar com indiferença de uma soma de quinze ou vinte milhões, dos quais uma pessoa comum e um artesão só falariam com grandes exageros.

Eis o pensamento que está contido e oculto sob as poucas palavras que compõem esse fragmento, e essa consideração, somada a muitas outras semelhantes, poderia servir, sem dúvida, às pessoas racionais e que agissem de boa-fé, como prova da divindade de Jesus Cristo.

Creio que esse único exemplo possa bastar não apenas para se avaliar como são, aproximadamente, os outros fragmentos que foram suprimidos, mas também para mostrar a pouca aplicação e a negligência, por assim dizer, com a qual quase todos foram escritos, o que deve corroborar o que escrevi, a saber, que o sr. Pascal os escreveu, na verdade, apenas para si mesmo, e sem nenhuma ideia de que eles fossem um dia ser publicados nesse estado. E é por isso também que esperamos que o leitor desculpe os eventuais defeitos que neles possa encontrar.

Caso se encontrem nesta coleção alguns pensamentos um tanto obscuros, creio que, com um pouco de empenho, será possível compreendê-los facilmente e concordar que não são os menos belos, e que foi melhor publicá-los como são do que explicá-los com muitas palavras, que serviriam apenas para torná-los monótonos e fracos, e que lhes teríamos tirado uma das principais belezas, que consiste em dizer muito com poucas palavras.

Vemos um exemplo disso em um dos fragmentos do capítulo "Provas de Jesus Cristo pelas profecias", que foi concebido nestes termos: *Os profetas misturaram profecias particulares com as que se referiam ao Messias, a fim de que as profecias do Messias não ficassem sem provas, e que as profecias particulares não ficassem sem fruto*. Nesse fragmento, o autor mostra a razão pela qual os profetas que tinham em vista apenas o Messias, e que deveriam profetizar apenas sobre ele e o que se referisse a ele, predisseram, não obstante, acontecimentos particulares que pareciam bastante alheios e inúteis ao seu projeto. Ele diz que foi para que, esses acontecimentos particulares se realizando diariamente aos olhos de todo o mundo da maneira que haviam sido previstos, aqueles profetas fossem incontestavelmente reconhecidos como tal. Assim, ninguém poderia duvidar da verdade e da certeza de todas as coisas que eles profetizavam sobre o Messias. Dessa maneira, as profecias do Messias extraíam, de certa forma, provas e autoridade dessas profecias particulares verificadas e cumpridas; e essas profecias particulares, servindo para provar e autorizar as do Messias, não eram, então, nem inúteis nem infrutíferas. Eis o sentido desse fragmento estendido e desenvolvido. Mas, sem dúvida, não há ninguém que não extraia mais prazer em descobrir isso por si mesmo nas palavras obscuras do que em vê-lo assim esclarecido e explicado.

 Parece-me ainda necessário, para tirar as ilusões de alguns que poderiam talvez esperar encontrar aqui provas e demonstrações geométricas da existência de Deus, da imortalidade da alma e de vários outros artigos da fé cristã, adverti-los de que não era esse o propósito do sr. Pascal. Ele não pretendia provar todas essas verdades da religião por tais demonstrações baseadas em princípios evidentes, capazes de convencer a obstinação até dos mais empedernidos, nem por raciocínios metafísicos que frequentemente servem mais para desviar o intelecto do que para o persuadir, nem pelos lugares-comuns extraídos de diversos efeitos naturais, mas por provas morais que se dirigem mais ao coração do que ao intelecto. Ou seja, ele preferia comover e incitar o coração a convencer e persuadir o intelecto, porque sabia que as paixões e os apegos viciosos que corrompem o coração e a vontade são os maiores obstáculos e os principais empecilhos com que deparamos no caminho da fé, e que, desde que se consiga remover esses obstáculos, não é difícil transmitir ao intelecto as luzes e as razões que a podem convencer.

 É fácil ser persuadido de tudo isso lendo estes escritos. Mas o sr. Pascal ainda o explicou ele mesmo, em um dos fragmentos que foi encontrado entre os outros, mas não foi incluído nesta compilação. Eis o que ele diz nesse fragmento: *Não procurarei provar aqui por razões naturais a existência de Deus, a Trindade ou a imortalidade da alma, nem nada dessa natureza, não apenas porque não me sentiria suficientemente capaz de encontrar na natureza elementos para convencer ateus empedernidos, mas também porque esse conhecimento sem Jesus Cristo é inútil e estéril. Mesmo que alguém se deixe persuadir de que as proporções dos números são verdades imateriais, eternas e dependentes de uma verdade primeira na qual subsistem e que se chama Deus, eu não o consideraria muito adiantado no rumo da salvação.*

Talvez alguém se espante também de encontrar nesta compilação uma diversidade tão grande de pensamentos, sendo que muitos deles parecem bastante distantes do tema que o sr. Pascal havia se proposto tratar. Mas é preciso considerar que seu projeto era bem mais amplo e extenso do que se imagina, e que ele não se limitava apenas a refutar os raciocínios dos ateus e daqueles que combatem algumas das verdades da fé cristã. O grande amor e estima singular que devotava à religião o levava a não só não conseguir tolerar que se quisesse destruí-la e aniquilá-la completamente, como também que se a ferisse e corrompesse mesmo da maneira mais ínfima. Dessa forma, queria declarar guerra a todos aqueles que atacassem quer sua verdade, quer sua santidade, isto é, não apenas aos ateus, infiéis e heréticos que se recusavam a submeter as falsas luzes de sua razão à fé e a reconhecer as verdades que ela nos ensina, mas até aos cristãos e aos católicos, que, estando no corpo da verdadeira Igreja, não vivem, contudo, de acordo com a pureza das máximas do Evangelho que nos são propostas como o modelo segundo o qual devemos ajustar e conformar todas as nossas ações.

Tal era seu projeto, e esse projeto era suficientemente vasto e grande para poder abarcar a maior parte dos temas contidos nesta compilação. Ainda assim, é possível que se encontrem alguns sem qualquer relação com o projeto e que, na verdade, não eram destinados a dele fazer parte. Assim, por exemplo, a maior parte daqueles que se encontram no capítulo dos "Pensamentos diversos", que também foram encontrados entre os papéis do sr. Pascal e que julgamos conveniente adicionar aos demais, porque não estamos publicando este livro simplesmente como uma obra composta contra os ateus ou sobre a religião, mas como uma coletânea de *Pensamentos de Pascal sobre a religião e sobre alguns outros temas*.

Para encerrar este prefácio, creio que só me resta dizer algumas palavras sobre o autor, depois de haver falado sobre sua obra. Penso que não só isso será oportuno como, também, o que pretendo escrever poderá ser bastante útil para mostrar como o sr. Pascal veio a ter a elevada estima e amor pela religião o que o levaram a conceber o projeto de elaborar esta obra.

Já foi relatado, de modo resumido, no prefácio do *Tratado do equilíbrio dos líquidos* e do *Tratado do peso da massa de ar*, de que maneira ele passou a juventude e o grande progresso que obteve em pouco tempo em todas as ciências humanas e profanas às quais se dedicou, especialmente na geometria e nas matemáticas; sobre o modo estranho e surpreendente como as aprendeu aos onze ou doze anos; as pequenas obras que criava às vezes e que excediam sempre a força e alcance de uma pessoa de sua idade; a força espantosa e prodigiosa de sua imaginação e de seu intelecto que se evidenciou na máquina aritmética, que inventou quando estava entre os dezenove e os vinte anos; e, finalmente, as belas experiências sobre o vácuo, que realizou na presença das pessoas mais ilustres da cidade de Rouen, onde residiu por algum tempo, enquanto seu pai, o "presidente Pascal", esteve ali empregado a serviço do rei na função de Intendente de Justiça. Assim, não irei me referir aqui a nada disso e me contentarei somente em relatar em poucas palavras o modo como desprezou todas essas conquistas e como passou os últimos anos de sua vida, nos quais demonstrou tanta grandeza, solidez de virtude e devoção quanto antes havia demonstrado a força, extensão e penetração admirável de seu intelecto.

Durante a juventude, ele foi preservado por uma proteção especial de Deus dos vícios em que cai a maior parte dos jovens e, o que é extraordinário para uma mente tão curiosa quanto a dele, jamais se deixou levar pela libertinagem em relação à religião, tendo sempre limitado sua curiosidade às coisas naturais. Declarou várias vezes que acrescentava essa dívida a todas as outras que tinha com seu pai, que, tendo ele próprio um imenso respeito pela religião, infundira-lhe esse mesmo respeito desde a infância, legando-lhe a máxima de que tudo o que é objeto da fé não o pode ser da razão, e menos ainda submetido a ela.

Essas instruções — frequentemente reiteradas por seu pai, pelo qual ele tinha uma grande estima e em quem reconhecia uma grande sabedoria, acompanhada por um raciocínio sólido e poderoso — causavam tanta impressão em sua mente que jamais se deixou afetar, de modo algum, por discursos feitos por libertinos, quaisquer que fossem. Embora fosse bastante jovem, ele os encarava como pessoas que adotavam aquele falso princípio de que a razão humana está acima de todas as coisas, e que não conheciam a natureza da fé.

Mas, enfim, depois de ter passado a juventude em ocupações e divertimentos que pareciam bastante inocentes aos olhos do mundo, Deus o tocou de tal modo que o fez compreender perfeitamente que a religião cristã nos obriga a viver apenas para ele e a não ter outro objetivo além dele. E essa verdade lhe pareceu tão evidente, tão útil e tão necessária que o fez resolver se retirar e se desvencilhar pouco a pouco de todas as amarras que o prendiam ao mundo a fim de poder se dedicar unicamente a ela.

Esse desejo de retiro e de uma vida mais cristã e mais regrada lhe veio quando era ainda bem jovem, e o levou desde então a abandonar completamente o estudo das ciências profanas, para se dedicar somente àquelas que pudessem contribuir para sua salvação e a dos demais. Porém as doenças contínuas a que era sujeito o fizeram adiar por algum tempo o projeto e o impediram de executá-lo até que completasse trinta anos.

Foi então que começou a trabalhar com empenho em seu projeto. Para executá-lo mais facilmente e romper com todos os antigos hábitos, mudou de bairro e, em seguida, retirou-se para o campo, onde residiu por algum tempo. Quando retornou à cidade, demonstrou tão firmemente que desejava abandonar o mundo que, finalmente, o mundo o abandonou. Em seu retiro, estabeleceu as regras de sua vida com base em duas máximas principais: renunciar a todo o prazer e a toda a superfluidade. Tinha essas regras sempre em vista e esforçava-se por se desenvolver e se aperfeiçoar nelas sempre cada vez mais.

Foi a prática contínua dessas duas grandes máximas que o levou a demonstrar tanta paciência em seus sofrimentos e doenças, que quase nunca deixaram de lhe causar dor durante toda a vida. Levava-o também a infligir mortificações rigorosas e severas em si mesmo; a não apenas negar a seus sentidos tudo o que pudesse lhes ser agradável, mas também a aceitar sem dificuldade, sem repugnância e até com alegria, quando necessário, tudo o que o podia desagradar, quer para sua alimentação, quer como remédio. Isso o levava a se privar todos os dias cada vez mais de tudo o que não considerasse absolutamente necessário, seja nas roupas, na alimentação, nos móveis e em todas as outras coisas. Dava-lhe também um amor muito forte e ardente pela pobreza, que lhe estava sempre presente. Quando desejava realizar alguma coisa, o primeiro pensamento que lhe vinha à mente era ver se a pobreza era compatível com aquilo. Ao mesmo tempo, dava-lhe tanta ternura e afeição pelos pobres que jamais conseguiu lhes recusar esmola e muitas vezes dava esmolas de valores consideráveis, mesmo em prejuízo de suas próprias necessidades. Isso fazia com que não pudesse tolerar que se buscasse com empenho todas as comodidades e que culpasse tanto a curiosidade quanto a fantasia de querer se destacar em tudo, assim como de ser servido sempre pelos melhores artesãos, de ter sempre o melhor e o mais bem feito e mil outras coisas semelhantes que se fazem sem escrúpulos porque não se acredita que haja mal nisso, mas que ele julgava de outra forma. Finalmente, isso o levou a realizar diversas ações extremamente notáveis e cristãs, que não relato aqui por medo de me alongar demais e porque minha intenção não é escrever uma biografia, mas apenas dar uma ideia da piedade e virtude do sr. Pascal para aqueles que não o conheceram, já que, para aqueles que o conheciam e que conviveram com ele durante os últimos anos de vida, não tenho a pretensão de ensinar nada com esse relato e creio que eles julgarão, bem ao contrário, que eu poderia dizer ainda muitas outras coisas sobre as quais silencio.

Extrato do Privilégio Real

Pela Graça e Privilégio do Rei, conferido em Paris no dia 27 de dezembro de 1666. Assinado pelo Rei em seu Conselho, d'Alenc. É permitido ao sr. Périer, Conselheiro do Rei em seu *Cour des Aydes*[1] de Clermont-Ferrand, imprimir pelo Livreiro ou Impressor de sua preferência, um Livro intitulado, *Os Pensamentos do Senhor Pascal sobre a Religião e sobre alguns outros assuntos*, durante o tempo de cinco anos, sendo proibido a todos os Livreiros, Impressores ou outros imprimi-los, em todo ou em parte, sob qualquer pretexto, sob pena de pagamento de uma multa de três mil libras além de todas as despesas, danos e juros, assim como é mais amplamente descrito no referido Privilégio.

E o referido sr. Périer cedeu e transferiu seu direito ao referido Privilégio sobre o dito Livro ao editor Guillaume Desprez, para gozar do dito Privilégio conforme o acordo feito entre eles.

Registrado no Livro da Comunidade de Livreiros e Impressores conforme o Acórdão do Parlamento, na data de 8 de abril de 1653. Realizado em Paris aos 7 de janeiro de 1667.

Concluída a impressão pela primeira vez em 2 de janeiro de 1670.

Os Exemplares foram fornecidos.

---

[1] Na grafia modernizada, *Cour des Aides*. Pode-se traduzir livremente para o português como "Tribunal de Impostos" (N. da T.).

Advertência

Os Pensamentos que estão contidos neste Livro foram escritos e compostos pelo sr. Pascal na maneira relatada no Prefácio, ou seja, à medida que lhe vinham à mente e sem nenhuma sequência; não se deve esperar encontrar muita ordem nos capítulos desta compilação, que são, em sua maior parte, compostos de vários pensamentos desligados uns dos outros e que só foram reunidos sob os mesmos títulos porque tratam mais ou menos dos mesmos temas. E, embora seja bastante fácil ao ler cada artigo avaliar se ele é uma continuação daquele que o precede ou se contém um novo pensamento, ainda assim se considerou que, para os distinguir melhor, seria bom acrescentar-lhes uma marca específica. Assim, quando se encontra no início de algum artigo esta marca ([§]), isso quer dizer que há nesse artigo um novo pensamento que não é sequência do precedente e que é completamente distinto dele. Pelo mesmo método, se saberá que os artigos que não contêm essa marca constituem um mesmo discurso e que foram encontrados nessa ordem e nessa sequência nos originais do sr. Pascal.

Julgamos também adequado acrescentar ao final desses pensamentos uma Oração que o sr. Pascal compôs quando ainda jovem, durante uma doença que o acometeu, e que já foi impressa duas ou três vezes a partir de cópias bastante imperfeitas, porque essas impressões foram feitas sem a participação daqueles que agora apresentam esta compilação ao público.

I

Contra a indiferença dos ateus

Que aqueles que combatem a religião saibam ao menos o que ela é antes de combatê-la. Se essa religião se vangloriasse de ter uma visão clara de Deus, exposta e sem véu, seria combatê-la dizer que não há nada no mundo que o mostre de modo evidente. Mas, como ela afirma, ao contrário, que os seres humanos se encontram nas trevas e afastados de Deus, que ele se ocultou ao seu conhecimento, e que esse é, inclusive, o nome que ele dá a si mesmo nas Escrituras, *Deus absconditus* [Deus oculto]; e, enfim, se ela busca igualmente estabelecer estes dois fatos — que Deus introduziu marcas perceptíveis na Igreja para se fazer reconhecer por aqueles que o procuram sinceramente e que, não obstante, as encobriu de forma a ser percebido apenas por aqueles que o procuram de todo o coração —, que vantagem podem eles obter quando, em sua professada indiferença em buscar a verdade, protestam que nada a mostra? Pois essa obscuridade em que eles se encontram e que objetam à Igreja não faz nada além de estabelecer um dos dois fatos que ela sustenta, sem afetar o outro, e confirmam a doutrina da Igreja, em vez de arruiná-la.

Para combatê-la, seria preciso que clamassem que fizeram todos os esforços para a procurar por toda a parte, até no que a Igreja propõe para sua instrução, mas sem obter nenhum resultado. Se assim falassem, combateriam, na verdade, uma de suas pretensões. Mas espero mostrar aqui que nenhuma pessoa racional pode falar dessa forma; e ouso até mesmo dizer que ninguém jamais o fez. Sabemos muito bem de que maneira agem aqueles que se encontram nesse estado de espírito. Creem terem feito grandes esforços para se instruir, quando dedicaram algumas horas à leitura das Escrituras e perguntaram a algum eclesiástico sobre as verdades da fé. Depois disso, gabam-se de haver buscado sem sucesso nos livros e entre as pessoas. Mas, na verdade, não posso deixar de lhes dizer que essa negligência é intolerável. Não se trata aqui do interesse despreocupado de qualquer pessoa estranha: trata-se de nós mesmos e de nosso todo.

A imortalidade da alma é algo que nos importa tanto, e que nos toca tão profundamente, que seria preciso ter perdido todo o sentimento para permanecer indiferente quanto a saber de que se trata. Todas as nossas ações e pensamentos devem tomar caminhos tão diferentes conforme haja ou não bens eternos a esperar que é impossível dar um passo com sensatez e juízo sem levar em conta esse ponto, que deve ser nosso objetivo final.

Assim, nosso primeiro interesse e dever é esclarecer essa questão, da qual depende toda a nossa conduta. E é por isso que, entre aqueles que não estão convencidos disso, estabeleço uma distinção absoluta entre os que lutam com todas as forças para se instruir e os que vivem sem se dar a esse trabalho e sem pensar nisso.

Só posso ter compaixão por aqueles que sofrem sinceramente com essa dúvida, que a encaram como a pior das infelicidades e que, sem poupar esforços para dela escapar, fazem dessa busca sua principal e mais séria ocupação. Porém, quanto àqueles que passam a vida sem pensar nesse fim último da vida e que, por essa única razão, não encontram neles mesmos as luzes da persuasão, deixando de procurá--las em outro lugar e de examinar a fundo se essa opinião é daquelas que o povo aceita por uma simplicidade crédula, ou daquelas que, embora obscuras nelas mesmas, possuem, não obstante, um fundamento bastante sólido, eu os considero de uma maneira bem diferente. Essa negligência em um assunto que diz respeito a eles mesmos, a sua eternidade, a seu todo, me desperta mais irritação do que compaixão; ela me espanta e me apavora; é um monstro para mim. Não digo isso pelo zelo piedoso de uma devoção espiritual. Ao contrário, entendo que o amor-próprio, que o interesse humano, que a mais simples luz da razão nos devam transmitir esses sentimentos. Basta para isso ver o que veem as pessoas menos esclarecidas.

Não é preciso ter uma alma muito elevada para compreender que não há neste mundo uma satisfação verdadeira e sólida, que todos os nossos prazeres não passam de vaidade, que nossos males são infinitos e que, enfim, a morte que nos ameaça a cada instante deve, em poucos anos, e talvez em poucos dias, nos conduzir a um estado eterno de felicidade, de infelicidade, ou de aniquilação. Entre nós e o céu, o inferno ou o nada há apenas a vida, que é a coisa mais frágil do mundo; e o céu não é, certamente, para aqueles que têm dúvidas se sua alma é imortal; estes só podem esperar o inferno ou o nada.

Não há nada mais real nem mais terrível do que isso. Por mais que nos façamos de corajosos, eis o fim que espera a mais bela vida do mundo.

É em vão que eles desviam o pensamento dessa eternidade que os espera, como se a pudessem extinguir não pensando nela. Ela subsiste apesar deles, ela avança, e a morte que a deve inaugurar os colocará infalivelmente em pouco tempo na necessidade horrível de ser eternamente aniquilados ou infelizes.

Eis uma dúvida de terrível consequência, e já é seguramente um grande mal estar nessa dúvida, mas é, pelo menos, um dever inescapável buscar quando se está em dúvida. Assim aquele que duvida e que não busca é, ao mesmo tempo, muito injusto e muito infeliz. Se, além disso, está tranquilo e satisfeito, se disso se vangloria e, enfim, se isso o envaidece, e se esse mesmo estado lhe dá motivos de alegria e vaidade, não tenho palavras para qualificar uma criatura tão extravagante.

De onde vêm tais sentimentos? Que motivo de alegria se encontra em não esperar mais do que misérias sem remédio? Que motivo de vaidade é se ver nas trevas impenetráveis? Que consolação há em não esperar jamais um consolador?

Essa tranquilidade na ignorância é algo monstruoso cuja extravagância e estupidez é preciso mostrar àqueles que nela passam a vida, retratando-lhes o que se passa neles mesmos para surpreendê-los com a visão de sua loucura.

Pois eis como raciocinam as pessoas, quando escolhem viver na ignorância daquilo que são, e sem buscar esclarecimento: "Não sei quem me colocou no mundo, nem o que é o mundo, nem o que sou eu mesmo. Vivo em uma terrível ignorância sobre todas as coisas. Não sei o que é meu corpo, meus sentidos, minha alma, e mesmo essa parte de mim que pensa o que digo e que reflete sobre tudo e sobre ela mesma não se conhece mais do que as outras. Vejo esses assustadores espaços do universo que me cercam, e me encontro preso a um canto dessa vastidão, sem saber por que estou nesse lugar e não em outro, nem por que esse pouco tempo que me foi dado viver me foi reservado nesse ponto em vez de em outro de toda a eternidade que me precedeu, e de toda aquela que me seguirá. Só vejo em todos os lugares infinitudes que me engolem como um átomo, e como uma sombra que dura apenas um instante sem retorno. Tudo o que sei é que devo morrer em breve, mas o que mais ignoro é essa morte mesma que não tenho como evitar.

"Como não sei de onde venho, também não sei para onde vou. Sei apenas que, ao sair deste mundo, caio para sempre no nada ou nas mãos de um Deus irritado, sem saber qual dessas duas situações me será atribuída eternamente.

"Eis o meu estado, repleto de miséria, de fraqueza, de incerteza. E de tudo isso concluo que devo então passar todos os dias de minha vida sem pensar no que irá me acontecer, e que me basta seguir minhas inclinações sem reflexão e sem inquietude, fazendo todo o necessário para cair na infelicidade eterna caso o que se diz sobre isso seja verdadeiro. Talvez eu pudesse encontrar algum esclarecimento para minhas dúvidas, mas não quero me dar ao trabalho de fazer isso, nem dar um passo para buscá-lo. Tratando com desprezo aqueles que se esforçam para isso, desejo avançar sem previdência nem medo para encarar esse grande acontecimento e me deixar conduzir docilmente para a morte na incerteza da eternidade de minha condição futura."

Na verdade é glorioso para a religião ter por inimigos pessoas tão irracionais, e sua oposição lhe é tão pouco perigosa que serve, ao contrário, para estabelecer as principais verdades que ela nos ensina. Pois a fé cristã se preocupa sobretudo em estabelecer duas coisas: a corrupção da natureza e a redenção de Jesus Cristo. Ora, se essas pessoas não servem para mostrar a verdade da redenção pela santidade de sua conduta, servem ao menos admiravelmente para mostrar a corrupção da natureza por sentimentos tão desnaturados.

Nada é tão importante para o ser humano quanto seu estado; nada lhe é tão temível quanto a eternidade. E, assim, o fato de que existem pessoas indiferentes à perda de seu ser e ao risco de uma eternidade de miséria, não é natural. Elas agem de modo totalmente diferente em relação a todas as outras coisas: temem até as menores, preveem-nas, sentem-nas, e essa mesma pessoa que passa os dias e as noites cheia de raiva e desespero pela perda de um cargo ou por qualquer ofensa imaginária a sua honra, é a mesma que sabe que irá perder tudo com a morte e que, ainda assim, permanece sem se inquietar, sem se perturbar e sem se emocionar. Essa estranha insensibilidade diante das coisas mais terríveis em um coração tão sensível às mais leves é algo monstruoso; é um sortilégio incompreensível e uma apatia sobrenatural.

Uma pessoa em um calabouço sem saber se sua sentença foi pronunciada, não tendo mais do que uma hora para ficar sabendo, sendo essa hora suficiente, se soubesse que a sentença foi pronunciada, para obter a revogação, é contra a natureza que utilize essa hora não para se informar sobre a sentença, mas para jogar e se divertir. É nesse estado que se encontram essas pessoas, com a diferença de que os males que as ameaçam são bem diferentes da simples perda da vida e um suplício passageiro que esse prisioneiro temeria. Entretanto elas correm sem se preocupar para o precipício, depois de colocar uma venda diante dos olhos para não o ver, e zombam daqueles que as advertem.

Assim, não é só o zelo daqueles que buscam a Deus que prova a verdadeira religião, mas também a cegueira daqueles que não o buscam e que vivem nessa horrível omissão. É preciso que haja uma estranha inversão na natureza do ser humano para viver nesse estado e mais ainda para se vangloriar disso. Pois se eles tivessem certeza absoluta de que não teriam nada a temer após a morte além de caírem no nada, não seria isso um motivo de desespero e não de vanglória? Não é, portanto, uma loucura inconcebível, não estando seguros a esse respeito, vangloriar-se de estar nessa dúvida?

E, não obstante, é certo que os seres humanos são tão desnaturados que há em seu coração uma semente de alegria por isso. Essa tranquilidade brutal entre o medo do inferno e do nada parece tão boa que não apenas aqueles que estão verdadeiramente nessa dúvida infeliz se vangloriam dela, mas mesmo aqueles que não estão nela acreditam que é honroso fingir nela estar. Pois a experiência nos mostra que a maior parte daqueles que adotam esse comportamento são desse último tipo; são pessoas que fingem e que não são o que querem parecer. São pessoas que ouviram dizer que as maneiras elegantes do mundo consistem em se fazer passar por irascível. É o que chamam de *sacudir o jugo*; e a maioria só o faz para imitar os outros.

Entretanto, se ainda possuem algum senso comum, por menor que seja, não é difícil lhes fazer entender como se enganam ao buscar a estima dessa forma. Não é esse o jeito de adquiri-la, mesmo entre as pessoas do mundo que julgam sensatamente as coisas e que sabem que o único meio de ser bem-sucedido é parecer honesto, fiel, criterioso e capaz de servir utilmente aos amigos, porque as pessoas só amam naturalmente o que lhes pode ser útil. Ora, que vantagem há para nós em ouvir alguém dizer que sacudiu o jugo, que não crê que exista um Deus velando sobre suas ações, que se considera o único senhor de sua conduta, que acha que só deve prestar contas a si mesmo? Será que acredita que com isso nos leva a ter confiança nela e a esperar consolo, conselhos e ajuda em todas as necessidades da vida? Será que acredita que nos alegra ao nos dizer que duvida que nossa alma seja algo além de um pouco de vento e de fumaça, e nos dizer isso ainda em um tom de voz orgulhoso e contente? Será algo que se deva dizer alegremente? Não será, ao contrário, algo a se dizer tristemente, como a coisa mais triste do mundo?

Se pensassem nisso seriamente, veriam que isso é tão errôneo, tão contrário ao bom senso, tão oposto à honestidade e tão distante, em todos os aspectos, das maneiras elegantes que buscam que, com certeza, não há melhor receita para lhes atrair o desprezo e a aversão das pessoas e os fazer passar por covardes e desajuizados. E, com efeito, se fizermos com que se deem conta de seus sentimentos e das razões que têm para duvidar da religião, darão argumentos tão fracos e tão vis que nos convencerão, na verdade, do contrário. Era o que lhes dizia, certa vez, alguém de modo bastante certeiro: "Se continuardes a discursar dessa forma, acabareis, na verdade, por me converter". E ele tinha razão, pois quem não teria horror de compartilhar os sentimentos de pessoas tão desprezíveis?

Assim, aqueles que vivem fingindo esses sentimentos acabam muito infelizes por forçar sua natureza para se tornar as pessoas mais impertinentes. Se, no fundo do coração, estão contrariados por não terem mais luzes, que não o dissimulem. Essa declaração não será vergonhosa. Só há vergonha em não ter vergonha. Nada revela melhor uma estranha fraqueza do intelecto do que ignorar qual é a infelicidade de viver sem Deus. Nada assinala melhor a má disposição do coração do que não desejar a verdade das promessas eternas. Nada é mais covarde do que se fazer de valente contra Deus. Que deixem então essas impiedades àqueles que são suficientemente maus para serem verdadeiramente capazes delas; que sejam pelo menos pessoas de bem, se não conseguem ainda ser cristãos, e que reconheçam, enfim, que existem apenas dois tipos de pessoas que podemos chamar de racionais: aqueles que servem a Deus de todo o coração, porque o conhecem, ou aqueles que o buscam de todo o coração, porque ainda não o conhecem.

É, portanto, para as pessoas que buscam a Deus sinceramente, e que, reconhecendo sua miséria, desejam verdadeiramente sair dela, que é justo trabalhar, a fim de ajudá-las a encontrar a luz de que não dispõem.

Entretanto, para aqueles que vivem sem conhecê-lo e sem procurá-lo, eles mesmos julgam a si próprios tão pouco dignos de cuidados que não são dignos do cuidado dos outros, e é preciso ter toda a caridade da religião que desprezam para não os desprezar a ponto de abandoná-los à sua loucura. Mas, porque essa religião nos obriga a considerá-los sempre, enquanto estiverem nesta vida, como capazes da graça que pode iluminá-los, e a acreditar que eles possam, em pouco tempo, encher-se de mais fé do que nós, e que nós podemos, ao contrário, cair na cegueira em que eles estão, é preciso fazer por eles o que gostaríamos que fizessem por nós se estivéssemos em seu lugar, e apelar para que tenham compaixão de si mesmos e deem ao menos alguns passos em busca da iluminação. Que dediquem à leitura desta obra algumas daquelas horas que empregam tão inutilmente em outros afazeres. Talvez encontrem nela alguma coisa ou, ao menos, não perderão muito. Entretanto, para aqueles que aqui chegarem com uma sinceridade perfeita e um verdadeiro desejo de conhecer a verdade, espero que se satisfaçam e se convençam pelas provas desta religião tão divina que aqui foram reunidas.

II

Marcas da verdadeira religião

A verdadeira religião deve ter por marca a obrigação do amor a Deus. Isso é justo. E, entretanto, nenhuma outra além da nossa o ordenou. Deve ainda ter conhecido a concupiscência do ser humano e a incapacidade em adquirir a virtude por si mesmo. Deve providenciar os remédios, dos quais a oração é o principal. Nossa religião fez tudo isso e nenhuma outra jamais pediu a Deus para o amar e seguir.

[§] Para que uma religião seja verdadeira é preciso que ela tenha conhecido nossa natureza. Pois a verdadeira natureza do ser humano, seu verdadeiro bem, a verdadeira virtude e a verdadeira religião não podem ser conhecidos separadamente. Ela deve ter conhecido a grandeza e a baixeza do ser humano, e a razão de um e de outro. Que outra religião além da cristã conheceu todas essas coisas?

[§] As outras religiões, como as pagãs, são mais populares porque está no exterior, mas não são para pessoas hábeis. Uma religião puramente intelectual seria mais adequada aos hábeis, mas não serviria para o povo. Só a religião cristã é adequada a todos, combinando o exterior e o interior. Ela eleva o povo no interior e rebaixa os orgulhosos no exterior, e não é perfeita sem os dois, pois é preciso que o povo entenda o espírito da letra e que os hábeis submetam seu espírito à letra, praticando o que há de exterior nela.

[§] Nós somos odiosos; a razão nos convence disso. Ora, nenhuma outra religião além da cristã sustenta que devamos nos odiar. Nenhuma outra religião pode, portanto, ser aceita por aqueles que sabem que são dignos apenas de ódio.

[§] Nenhuma outra religião além da cristã reconheceu que o ser humano é a mais excelente das criaturas e, ao mesmo tempo, a mais miserável. Aqueles que reconheceram a realidade de sua excelência tomaram por covardia e ingratidão os sentimentos vis que as pessoas têm naturalmente sobre si mesmas. E as outras, que bem sabem o quanto esses sentimentos vis são reais, trataram com uma soberba ridícula esses sentimentos de grandeza que são também naturais ao ser humano.

[§] Nenhuma religião além da nossa ensinou que o ser humano nasce em pecado. Nenhuma seita filosófica o disse. Nenhuma, portanto, falou a verdade.

[§] Deus estando oculto, toda religião que não diz que Deus está oculto não é verdadeira; e toda religião que não apresente a razão disso não é instrutiva. A nossa faz tudo isso.

[§] Essa religião que consiste em acreditar que o ser humano decaiu de um estado de glória e de comunicação com Deus para um estado de tristeza, penitência e afastamento de Deus, mas que, ao final, ele será resgatado por um Messias que viria, sempre existiu na terra. Todas as coisas passaram, permanecendo aquela pela qual todas as coisas existem. Deus, querendo formar para si um povo santo, que ele isolaria de todas as outras nações, livraria dos inimigos e abrigaria em um lugar de paz, prometeu fazê-lo e vir ao mundo para isso; e predisse, por meio de seus profetas, o tempo e a modo dessa vinda. Ao mesmo tempo, para fortalecer em todos os tempos a esperança de seus eleitos, ele lhes fez ver sempre imagens e figuras, sem nunca os deixar sem garantias de seu poder e vontade de salvá-los. Pois na criação do ser humano, Adão foi testemunha e depositário da promessa de um Salvador que deveria nascer de uma mulher. E, embora os seres humanos ainda estivessem muito próximos da criação para poderem ter se esquecido da criação e da queda, e da promessa que Deus lhes havia feito de um Redentor, não obstante, como nos primeiros tempos do mundo, eles se deixaram arrastar a todos os tipos de desordens. Apesar disso, havia santos, como Enoque, Lameque e outros que esperavam pacientemente o Cristo prometido desde o início do mundo. Em seguida Deus enviou Noé, que viu a malícia das pessoas em seu grau mais elevado, e Deus o salvou, inundando toda a terra, por um milagre que indicava, de modo notável, tanto o poder que detinha para salvar o mundo quanto sua vontade de o fazer, assim como de fazer nascer da mulher aquele que ele havia prometido. Esse milagre foi suficiente para fortalecer a esperança entre os seres humanos e, estando ainda fresca sua memória, Deus fez uma promessa a Abraão, que estava completamente cercado de idólatras, e deu-lhe a conhecer o mistério do Messias que devia enviar. No tempo de Isaque e de Jacó, a abominação estava disseminada por toda a terra, mas esses santos viviam na fé. Jacó, morrendo e abençoando seus filhos, exclama, com um arrebatamento que o faz interromper seu discurso: "Espero, ó meu Deus, o Salvador que me prometestes", *salutare tuum expectabo Domine* (Gn 49.18).

Os egípcios estavam infectados pela idolatria e a magia; até o povo de Deus foi influenciado por seus exemplos. No entanto, Moisés e outros viam aquele que eles não viam, e o adoravam, contemplando as dádivas eternas que ele lhes preparava.

Os gregos e, em seguida, os romanos fizeram reinar falsas divindades; os poetas criaram diversas teologias; os filósofos se dividiram em mil seitas diferentes. Apesar disso, sempre houve no coração da Judeia pessoas escolhidas que prediziam a vinda desse Messias que era conhecido apenas por elas.

Ele veio, enfim, na consumação dos tempos, e desde então, embora tenhamos visto o surgimento de tantos cismas e heresias, tantos Estados derrubados, tantas mudanças em tudo, essa Igreja que adora aquele que sempre foi adorado sobreviveu sem interrupção. E, o que é admirável, incomparável e absolutamente divino, é que essa religião que sempre resistiu sempre foi combatida. Mil vezes ela esteve às vésperas de uma destruição universal, e todas as vezes em que esteve nessa situação Deus a reergueu com manifestações extraordinárias de seu poder. É surpreendente que ela tenha se mantido sem fraquejar e vergar sob a vontade dos tiranos.

[§] Os estados pereceriam se as leis não fossem forçadas a se submeter à necessidade frequentemente. Mas a religião nunca tolerou isso e nunca se valeu desses meios. São necessários acordos ou milagres. Não é de estranhar que os estados precisem se vergar para sobreviver, mas isso não é exatamente se conservar. E ainda assim, no final acabam perecendo completamente. Não existe nenhum que tenha durado mil e quinhentos anos. Mas que essa religião se tenha sempre conservada e se mantido inflexível, isso é divino.

[§] Sempre se acreditou no Messias. A tradição de Adão ainda era nova em Noé e em Moisés. Desde então, os profetas o predisseram, sempre junto com outras predições cuja realização, que se dava de tempos em tempos para que a humanidade visse, assinalava a verdade de sua missão e, em consequência, a de suas promessas referentes ao Messias. Todos disseram que a lei que os regia só vigorava enquanto esperavam a do Messias. Até então sua lei seria perpétua, mas a outra duraria eternamente; que, dessa forma, sua lei ou a do Messias da qual ela era a promessa existiriam para sempre sobre a terra. De fato, ela sempre durou, e Jesus

Cristo veio em todas as circunstâncias preditas. Ele fez milagres, assim como os apóstolos, que converteram os pagãos; e assim as profecias foram cumpridas, fornecendo provas eternas sobre o Messias.

[§] A única religião contrária à natureza no estado em que está, que combate todos os nossos prazeres e que parece, inicialmente, contrária ao senso comum é a única que sempre existiu.

[§] Todo o desenrolar dos acontecimentos deve ter por objetivo o estabelecimento e a grandeza da religião. As pessoas devem ter nelas mesmas sentimentos conformes ao que ela nos ensina e, enfim, ela deve ser de tal forma o objeto e o centro para o qual tudo tende, de forma que aquele que saiba os seus princípios possa explicar a razão de toda a natureza do ser humano em particular e todo o andamento do mundo em geral.

Sobre esse fundamento, os ímpios aproveitam para blasfemar contra a religião cristã, porque a conhecem mal. Imaginam que ela consiste simplesmente na adoração de um Deus considerado como grande, poderoso e eterno, o que é, na verdade, o deísmo, quase tão distante da religião cristã quanto o ateísmo, que é o seu completo oposto. E disso concluem que essa religião não é verdadeira, porque, se fosse, Deus precisaria se manifestar aos seres humanos por meio de provas tão concretas que fosse impossível que alguém não o conhecesse.

Porém, mesmo que daí concluam o que quiserem contra o deísmo, não concluirão nada contra a religião cristã, que reconhece que, desde o pecado, Deus não se mostra aos seres humanos com toda a clareza como poderia se mostrar, e que consiste exatamente no mistério do Redentor, que, reunindo em si as duas naturezas, divina e humana, removeu dos seres humanos a corrupção do pecado, para reconciliá-los com Deus em sua pessoa divina.

Ela ensina aos seres humanos, portanto, essas duas verdades: que há um Deus que os seres humanos são capazes de alcançar e que há uma corrupção na natureza que os torna indignos dele. Importa igualmente aos seres humanos conhecer ambos esses pontos, e é igualmente perigoso que venha a conhecer Deus sem conhecer sua miséria, e conhecer sua miséria sem conhecer o Redentor que a pode curar. Conhecer apenas uma dessas verdades leva ao orgulho dos filósofos, que conheceram Deus e não sua miséria, ou ao desespero dos ateus, que conhecem sua miséria sem Redentor.

E assim, como é igualmente necessário ao ser humano conhecer esses dois pontos, é também igualmente próprio à misericórdia de Deus que nos tenha permitido conhecer a ambas. A religião cristã o faz; é nisso que ela consiste.

Que se examine a ordem do mundo a esse respeito e se veja se todas as coisas não tendem ao estabelecimento dos dois princípios dessa religião.

[§] Quem não reconhece que é cheio de orgulho, ambição, concupiscência, fraqueza, miséria e injustiça está cego. E quem, reconhecendo-se assim, não deseja se libertar, o que se pode dizer de alguém tão pouco racional? O que se pode sentir, então, senão estima por uma religião que conhece tão bem os defeitos do ser humano e desejo pela verdade de uma religião que promete remédios tão desejáveis?

III

Verdadeira religião provada pelas contradições que existem nos seres humanos e pelo pecado original

As grandezas e as misérias do ser humano são tão visíveis que é preciso, necessariamente, que a verdadeira religião nos ensine que existe nele um grande princípio de grandeza e, ao mesmo tempo, um grande princípio de miséria. Pois é preciso que a verdadeira religião conheça a fundo nossa natureza, ou seja, que conheça tudo o que ela tem de grandioso e tudo o que ela tem de miserável, e a razão de ambos os princípios. É preciso ainda que ela nos explique a razão dessas espantosas contradições. Se há um princípio único de tudo, uma única finalidade de tudo, é preciso que a verdadeira religião nos ensine a adorar apenas a ele e a amar apenas a ele. Porém, como nos encontramos na impossibilidade de adorar o que não conhecemos e de amar outra coisa além de nós, é preciso que a religião que ensina esses deveres nos instrua também sobre essa incapacidade e nos mostre os remédios para ela.

Para tornar os seres humanos felizes, é preciso que ela lhes mostre que há um Deus, que somos obrigados a amá-lo, que nossa verdadeira felicidade está nele e nosso único mal é estarmos separados dele. É preciso que nos ensine que estamos repletos de trevas que nos impedem de o conhecer e o amar, e que, assim, como nossos deveres nos obrigam a amar a Deus e nossa concupiscência faz com que nos afastemos dele, estamos repletos de injustiça. É preciso que ela nos explique a razão de nossa oposição a Deus e ao nosso próprio bem. É preciso que ela nos ensine os remédios para isso e os meios de obter esses remédios. Examinemos isso em todas as religiões e vejamos se alguma outra além da cristã cumpre esses requisitos.

Será aquela que nos ensinam os filósofos, que nos propõem como único bem aquele que está dentro de nós? Será esse o verdadeiro bem? Será que eles encontraram o remédio para nossos males? Será que a presunção do ser humano será curada igualando-o a Deus?

E aqueles que nos igualaram aos animais, e que nos deram os prazeres da terra como o único bem, será que estão nos dando o remédio para nossas concupiscências? "Erguei os olhos a Deus", dizem alguns. "Vede aquele ao qual vos pareceis e que vos fez para o adorar. Podeis vos tornar semelhante a ele; a sabedoria vos igualará, se desejais segui-la." E os outros dizem: "Baixai vossos olhos para a terra, verme desprezível que sois, e olhai os animais aos quais fazeis companhia". O que será do ser humano? Será ele igual a Deus ou aos animais? Que espantosa distância! Que faremos então? Que religião nos ensinará a curar o orgulho e a concupiscência? Que religião nos ensinará nosso bem, nossos deveres, as fraquezas que nos desviam, os remédios que as podem curar e o meio de obter esses remédios? Vejamos o que nos diz sobre isso a sabedoria de Deus, que nos fala na religião cristã.

"É em vão, ó humanos, que buscais dentro de vós mesmos o remédio para vossas misérias. Todas as vossas luzes só podem chegar a descobrir que não é em vós que encontrareis a verdade ou o bem. Os filósofos vos prometeram isso, mas não conseguiram cumprir a promessa. Eles não sabem nem qual é vosso verdadeiro bem, nem qual é vosso verdadeiro estado. Como iriam oferecer remédios para vossos males, se eles nem sequer os conhecem? Vossas principais doenças são o orgulho que vos afasta de Deus, e a concupiscência, que vos prende à terra; e eles não têm feito nada senão alimentar ao menos uma dessas doenças. Se vos deram Deus como finalidade, foi apenas para exercitar vosso orgulho. Eles vos fizeram pensar que sois semelhantes a ele por vossa natureza. E aqueles que viram a vaidade dessa pretensão vos lançaram em outro precipício, ao vos fazer pensar que vossa natureza é como aquela dos animais, e vos levaram a procurar vosso bem nas concupiscências que são compartilhadas com os animais. Não é esse o meio de vos educar sobre vossas injustiças. Não espereis, portanto, nem verdade nem consolação das pessoas. Eu sou aquela que vos formou e sou a única que vos pode ensinar o que sois. Mas não estais mais agora no estado em que vos formei. Criei o ser humano santo, inocente, perfeito. Enchi-o de luz e de inteligência. Transmiti-lhe minha glória e minhas maravilhas. O olho do ser humano via então a majestade de Deus. Ele não estava nas trevas que o cegam, nem na mortalidade e nas misérias que o afligem. Mas ele não conseguiu suportar tanta glória sem cair na presunção. Quis tornar-se o centro de si mesmo e independente de meu socorro. Subtraiu-se ao meu domínio e, igualando-se a mim pelo desejo de encontrar a felicidade em si mesmo, eu o abandonei à sua própria sorte e, sublevando todas as criaturas que lhe eram submissas, eu as tornei inimigas dele; de forma que, atualmente, o ser humano se tornou semelhante aos animais e em tal distanciamento de mim que só lhe resta uma ideia confusa de seu criador, a tal ponto se extinguiram ou se confundiram todos os seus conhecimentos. Os sentidos, independentes da razão e frequentemente senhores da razão, o levaram à busca dos prazeres.

Todas as criaturas o afligem ou o tentam, e o dominam, quer submetendo-o pela força, quer seduzindo-o com suas doçuras, o que é uma dominação ainda mais terrível e mais imperiosa.

[§] Eis o estado em que as pessoas estão hoje em dia. Resta-lhes algum instinto impotente da felicidade de sua primeira natureza, e elas estão mergulhadas nas misérias de sua cegueira e concupiscência, que se tornou sua segunda natureza.

[§] Por esses princípios que vos revelo, podeis reconhecer a causa de tantas contradições que a todos espantaram e que tanto os dividiram.

[§] Observai agora todos os movimentos de grandeza e de glória que essa experiência de tantas misérias não pôde sufocar, e vede se não é necessário que a causa disso esteja em outra natureza.

[§] Conhecei, pois, soberbos, que paradoxo sois para vós mesmos. Humilhai-vos, razão impotente, calai-vos, natureza imbecil; aprendei que o ser humano ultrapassa infinitamente o ser humano; e ouvi de vosso mestre vossa condição verdadeira, que ignorais.

[§] Pois, enfim, se o ser humano nunca houvesse sido corrompido, desfrutaria da verdade e da felicidade com segurança. E se o ser humano só houvesse sido corrompido, não teria nenhuma ideia nem da verdade nem da bem-aventurança. Porém, infelizes que somos, e mais infelizes do que se não houvesse alguma grandeza em nossa condição, nós temos uma ideia da felicidade, e não conseguimos atingi-la; sentimos uma imagem da verdade, e possuímos apenas a mentira; incapazes de ignorar absolutamente e de saber com certeza; evidencia-se claramente que estivemos em um grau de perfeição do qual, infelizmente, decaímos.

[§] O que, então, proclamam essa avidez e essa impotência se não que houve outrora no ser humano uma verdadeira felicidade da qual não resta agora nada além da marca e do traço vazio, que ele tenta inutilmente preencher com tudo o que o cerca, buscando nas coisas ausentes o socorro que não obtém nas presentes, e que todas são incapazes de lhe dar, porque esse abismo infinito só pode ser preenchido por um objeto infinito e imutável?

[§] É assombroso, no entanto, que o mistério mais afastado de nosso conhecimento, que é o da transmissão do pecado original, seja algo sem o qual não podemos ter nenhum conhecimento de nós mesmos. Pois não há dúvida de que não há nada que choque mais nossa razão do que dizer que o pecado do primeiro ser humano tornou culpados aqueles que, estando tão afastados dessa fonte, parecem incapazes de dela tomar parte. Essa transmissão não nos parece apenas impossível, parece-nos até mesmo muito injusta. Pois o que há de mais contrário às regras de nossa miserável justiça do que condenar eternamente uma criança, incapaz de vontade, por um pecado em que ela parece ter participado tão pouco e que foi cometido seis mil anos antes que ela nascesse? Certamente nada nos choca mais intensamente do que essa doutrina. E, no entanto, sem esse mistério mais incompreensível de todos, somos incompreensíveis para nós mesmos. O nó de nossa condição forma suas voltas e dobras nesse abismo. De forma que o ser humano é mais inconcebível sem esse mistério do que esse mistério é inconcebível para o ser humano.

[§] O pecado original é uma loucura diante dos seres humanos, mas é dado como tal. Não se deve, então, censurar de falta de razão essa doutrina, pois ninguém alega que a razão possa alcançá-la. Mas essa loucura é mais sábia do que toda a sabedoria humana, *Quod stultum est Dei sapientius est hominibus*.[1] Porque, sem isso, o que se dirá que é o ser humano? Todo

---

[1] "Porque a loucura de Deus é mais sábia do que os homens" (1Co 1.25).

o seu estado depende desse ponto imperceptível. E como poderia ele ter se apercebido disso pela razão, considerando-se que é algo acima de sua razão e que sua razão, bem longe de inventá-lo por seus caminhos, afasta-se quando isso lhe é apresentado?

[§] Tendo esses dois estados, de inocência e corrupção, sido mostrados a nós, é impossível que não os reconheçamos.

[§] Sigamos nossos movimentos, observemo-nos a nós mesmos e vejamos se não encontraremos neles os caracteres vivos dessas duas naturezas.

[§] Haveria tantas contradições em uma natureza simples?

[§] Essa duplicidade do ser humano é tão visível que alguns chegaram a pensar que tínhamos duas almas. Uma natureza simples lhes parecia incapaz de tais e tão súbitas variações, de uma presunção desmedida a um horrível desânimo.

[§] Assim, todas essas contradições que pareciam dever afastar ainda mais as pessoas do conhecimento de uma religião são o que deve, na verdade, as conduzir à verdadeira religião.

Quanto a mim, confesso que, assim que a religião cristã revela esse princípio de que a natureza humana é corrompida e decaída de Deus, isso me abre os olhos para ver em tudo os sinais dessa verdade. Pois a natureza é tal que manifesta em tudo esse Deus que foi perdido, quer no ser humano, quer fora dele.

[§] Sem esses divinos conhecimentos, o que as pessoas puderam fazer a não ser se elevar no sentimento interior que lhes resta de sua grandeza passada ou se abater diante da visão de sua fraqueza presente? Porque, não vendo toda a verdade, não conseguiram chegar a uma virtude perfeita, alguns considerando a natureza como incorrupta, outros como irreparável.

Não conseguiram escapar ao orgulho ou à preguiça, que são as duas fontes de todos os vícios, já que só podiam se abandonar a ela pela covardia ou escapar dela por meio do orgulho. Pois, se conheciam a excelência do ser humano, ignoravam-lhe a corrupção; de modo que evitavam a preguiça, mas se perdiam no orgulho. E se reconhecessem a deficiência da natureza, ignoravam sua dignidade, de sorte que poderiam evitar a vaidade, mas se precipitariam no desespero.

Daí se originam as diversas seitas dos estoicos e dos epicuristas, dos dogmáticos e dos acadêmicos, etc. Só a religião cristã pôde curar esses dois vícios, não expulsando um pelo outro pela sabedoria terrena, mas expulsando ambos pela simplicidade do evangelho. Pois ela ensina aos justos, que ela eleva até à participação na própria divindade, que, nesse estado sublime, eles ainda carregam a fonte de toda a corrupção que os torna durante toda a vida sujeitos ao erro, à miséria, à morte, ao pecado; e grita aos mais ímpios que eles são capazes da graça de seu redentor. Assim, fazendo tremer àqueles que justifica e consolando aqueles que condena, tempera com precisão o medo e a esperança, por meio dessa dupla capacidade que é comum a todos, da graça e do pecado, que rebaixa infinitamente mais do que apenas a razão pode fazer, mas sem desespero; e que eleva infinitamente mais do que o orgulho natural, mas sem excesso, mostrando bem, dessa forma, que, sendo a única isenta de erro e de vício, cabe somente a ela instruir e corrigir os seres humanos.

[§] O cristianismo é estranho. Ordena ao ser humano que reconheça que é vil e até abominável; ao mesmo tempo, lhe ordena que queira ser semelhante a Deus. Sem tal contrapeso essa elevação o tornaria terrivelmente vão, ou esse rebaixamento o tornaria terrivelmente abjeto.

[§] A encarnação mostra ao ser humano a grandeza de sua miséria pela grandeza do remédio que foi necessário.

[§] Não se encontra na religião cristã um rebaixamento que nos torne incapazes do bem, nem uma santidade isenta do mal.

[§] Não existe doutrina mais adequada ao ser humano do que essa, que lhe ensina sua dupla capacidade de receber e de perder a graça, devido ao duplo risco ao qual está sempre exposto, o desespero ou o orgulho.

[§] Os filósofos não prescreviam sentimentos adequados aos dois estados. Inspiravam movimentos de grandeza pura, e esse não é o estado do ser humano. Inspiravam movimentos de baixeza pura, e esse também não é o estado do ser humano. São necessários movimentos de baixeza, não uma baixeza natural, mas de penitência; não para nela permanecer, mas para alcançar a grandeza. São necessários movimentos de grandeza, mas de uma grandeza que vem da graça e não do mérito, e depois de ter passado pela baixeza.

[§] Ninguém é tão feliz como um verdadeiro cristão, nem tão racional, virtuoso ou amável. Com quão pouco orgulho um cristão se julga unido a Deus? Com quão pouca abjeção ele se iguala aos vermes da terra?

[§] Quem pode, então, se recusar a crer nessas luzes celestes e a adorá-las? Pois não é mais claro do que o dia que sentimos em nós mesmos os traços indeléveis da excelência? E não é também verdade que experimentamos a todo momento os efeitos de nossa deplorável condição? O que nos gritam, então, esse caos e essa confusão monstruosa senão a verdade desses dois estados, com uma voz tão poderosa que é impossível resistir a ela?

IV

Não é inacreditável que Deus se unisse a nós

O que leva as pessoas a não acreditar que sejam capazes de se unir a Deus não é nada além da visão de sua pequenez. Mas, se essa convicção é realmente sincera, que a sigam tão longe quanto eu e reconheçam que essa pequenez é tal que nos torna incapazes de saber por nós mesmos se a misericórdia de Deus pode nos tornar dignos dele. Pois eu bem que gostaria de saber de onde essa criatura que se reconhece tão fraca tem o direito de medir a misericórdia de Deus, e de nela colocar os limites que a fantasia lhe sugere. Ela sabe tão pouco o que é Deus que não sabe o que ela própria é. Totalmente perturbada pela visão de seu próprio estado, ousa dizer que Deus não pode torná-la capaz de se comunicar com ele. Porém eu gostaria de lhe perguntar se Deus lhe pede outra coisa além de que o ame e o conheça, e por que acredita que Deus não pode se tornar cognoscível e amável por ela, sendo que ela é naturalmente capaz de amor e de conhecimento. Não há dúvida de que ela ao menos sabe que existe e que ama alguma coisa. Portanto, se vê alguma coisa nas trevas em que se encontra, e se encontra algum objeto de amor entre as coisas terrenas, por que, se Deus lhe conceder alguns raios de sua própria essência, não será ela capaz de o conhecer e de o amar da maneira como Deus preferir se comunicar com ela? Certamente há, portanto, uma presunção insuportável nesses tipos de raciocínio, ainda que pareçam baseados em uma aparente humildade que não é nem sincera nem racional se não nos faz confessar que, não sabendo por nós mesmos quem somos, só podemos aprendê-lo por meio de Deus.

V

Submissão e uso da razão

O último passo da razão é reconhecer que há uma infinidade de coisas que a ultrapassam. Ela é bem fraca se não chegar até aí.

[§] É preciso saber duvidar quando necessário, afirmar quando necessário, se submeter quando necessário. Quem não age assim não entende a força da razão. Existe quem peque contra esses três princípios, afirmando que tudo pode ser demonstrado, sem ter conhecimento sobre demonstrações; duvidando de tudo, sem saber quando é preciso se submeter; ou se submetendo a tudo, sem saber quando é preciso julgar.

[§] Caso se submeta tudo à razão, nossa religião não terá nada de misterioso e de sobrenatural. Caso se contrariem os princípios da razão, nossa religião será absurda e ridícula.

[§] A razão, diz Santo Agostinho, jamais se submeteria se não julgasse que há ocasiões em que deve se submeter. É justo, portanto, que ela se submeta quando julga que deve se submeter, e que não se submeta quando julga com fundamento que não o deve fazer, mas é preciso tomar cuidado para não se enganar.

[§] A devoção é diferente da superstição. Forçar a devoção até a superstição é destruí-la. Os heréticos nos criticam por essa submissão supersticiosa. Exigir essa submissão no que não é matéria de submissão é fazer aquilo que criticam em nós.

Não há nada tão conforme à razão quanto a negação da razão no que se refere à fé, e nada tão contrário à razão quanto a negação da razão no que não se refere à fé. São dois excessos igualmente perigosos, excluir a razão, e só admitir a razão.

[§] A fé diz bem o que os sentidos não dizem, mas jamais o contrário. Ela está acima e não em oposição.

VI

Fé sem raciocínio

Se eu tivesse visto um milagre, dizem alguns, me converteria. Não falariam assim se soubessem o que é uma conversão. Imaginam que para isso basta reconhecer que há um Deus, e que a adoração consiste em dirigir-lhe certos discursos, mais ou menos como os pagãos fazem com seus ídolos.

A conversão verdadeira consiste em nos aniquilarmos diante desse ser soberano a quem tantas vezes irritamos e que pode nos destruir legitimamente a qualquer instante; em reconhecermos que não podemos nada sem ele e que não merecemos nada dele senão nossa desgraça. Consiste em reconhecermos que há uma oposição insuperável entre Deus e nós, e que sem um mediador não pode haver negociação.

[§] Não vos espanteis de ver pessoas simples crerem sem raciocinar. Deus lhes dá o amor de sua justiça e o ódio delas mesmas. Ele lhes inclina o coração a crer. Nunca se crerá com uma crença proveitosa e de fé se Deus não inclinar o coração, e crer-se-á desde que ele o incline. Era o que bem sabia Davi ao dizer: *Inclina cor meum, Deus, in testimonia tua.*[1]

[§] Aqueles que creem sem ter examinado as provas da religião é porque possuem uma disposição interior toda santa, e porque o que escutam dizer de nossa religião está de acordo com ela. Sentem que um Deus os criou. Não querem amar

---

[1] "Inclina-me o coração aos teus testemunhos" (Sl 119.36).

ninguém senão a ele. Não querem odiar ninguém senão eles mesmos. Sentem que não têm força, que são incapazes de chegar até Deus e que, se Deus não vai a eles, não podem ter qualquer comunicação com ele. E ouvem dizer em nossa religião que é preciso amar só a Deus e odiar só a si mesmo, mas que, sendo todos corrompidos e incapazes de Deus, Deus se fez humano para se unir a nós. Não é preciso mais do que isso para convencer as pessoas que têm essa disposição no coração e esse conhecimento de seu dever e de sua incapacidade.

[§] Aqueles que vemos como cristãos e não conhecem as profecias e as provas não deixam de julgá-las tão bem quanto aqueles que possuem esse conhecimento. Julgam-nas pelo coração, como os outros as julgam pelo intelecto. É o próprio Deus que os inclina a crer e, assim, eles são persuadidos com bastante eficácia.

Admito que um desses cristãos que creem sem provas não terá recursos para convencer um infiel que diga o mesmo sobre si. Porém aqueles que conhecem as provas da religião provarão sem dificuldade que esse fiel é verdadeiramente inspirado por Deus, ainda que ele próprio não possa prová-lo.

VII

Que é mais vantajoso crer do que não crer é o que ensina a religião cristã

Aviso

Quase tudo o que está contido neste capítulo se refere apenas a certos tipos de pessoas que, não estando convencidas das provas da religião, e ainda menos das razões dos ateus, permanecem em um estado de suspensão entre a fé e a incredulidade. O autor pretende somente lhes mostrar por seus próprios princípios, e pelas luzes simples da razão, que elas devem julgar que lhes é vantajoso crer, e que essa seria a posição que deveriam tomar se essa escolha dependesse de sua vontade. Daí se segue que, ao menos enquanto esperam encontrar a luz necessária para se convencerem da verdade, elas devem fazer todo o possível para isso e se afastar de todos os empecilhos que as desviem dessa fé, que são principalmente as paixões e as diversões vãs.

A unidade adicionada ao infinito não lhe acrescenta nada, tanto quanto um pé adicionado a uma medida infinita. O finito se dissolve na presença do infinito, e torna-se um puro nada. Assim nosso espírito diante de Deus; assim nossa justiça diante da justiça divina.

Não há uma desproporção tão grande entre a unidade e o infinito quanto entre nossa justiça e a de Deus.

[§] Sabemos que há um infinito, e ignoramos sua natureza. Como, por exemplo, sabemos que é falso que os números sejam finitos. Portanto é verdadeiro que há um infinito em número. Mas não sabemos o que ele é. É falso que ele seja par, é falso que seja ímpar, pois somando-se a ele a unidade ele não muda de natureza. Assim se pode saber que há um Deus sem saber o que ele é, e não deveis concluir que não há Deus do fato de que não conhecemos perfeitamente sua natureza.

Não me valerei, para vos convencer de sua existência, da fé que nos dá a certeza a seu respeito, nem de todas as outras provas de que dispomos, já que não as quereis receber. Não quero agir para convosco por outros princípios que não os vossos mesmos. Pretendo vos mostrar da maneira como raciocineis todos os dias sobre as coisas de menos consequência de que forma deveis raciocinar nesta aqui e que posição deveis tomar na decisão dessa importante questão da existência de Deus. Dizeis então que somos incapazes de saber se há um Deus. No entanto, é certo que Deus existe ou que não existe; não há meio-termo. Mas para que lado nos inclinaremos? A razão, dizeis, não pode determinar nada. Há um caos infinito que nos separa. Joga-se um jogo a uma distância infinita, e o resultado será cara ou coroa. O que apostareis? Pela razão, não podeis garantir que será nem um nem outro; pela razão, não podeis negar nenhum dos dois.

Assim, não acuseis de falsidade aqueles que fizeram uma escolha; pois não sabeis se eles se enganam e se escolheram mal. Não, direis, mas eu os acusarei por terem feito não essa escolha, mas uma escolha. Tanto aquele que escolhe cara quanto aquele que escolhe coroa estão errados: o certo é não apostar.

Sim, mas é preciso apostar. Não é algo que dependa da vontade; já estamos nesse barco, e não apostar que Deus existe é apostar que ele não existe. Qual então ireis escolher? Vamos avaliar os ganhos e perdas envolvidos em escolher crer que Deus existe. Se ganhardes, ganhareis tudo; se perderdes, não perdereis nada. Apostai, então, que ele existe, sem hesitar. Sim, é preciso apostar. Mas talvez eu aposte demais. Vejamos: já que há uma possibilidade igual de ganho e de perda, se tivésseis duas vidas a ganhar por uma, poderíeis ainda apostar. E se houvesse dez a ganhar, seríeis bem imprudente se não arriscásseis vossa vida para ganhar dez em um jogo onde há iguais possibilidades de perda e de ganho. Mas existe aqui uma infinidade de vidas infinitamente felizes a ganhar com possibilidades iguais de perda e de ganho; e o que apostais é tão insignificante e efêmero que seria loucura ser reticente nessa ocasião.

    Porque não adianta nada dizer que é incerto que se ganhe e que é certo que há risco; e que a distância infinita que existe entre a certeza do que se arrisca e a incerteza do que se ganhará iguala o bem finito, que certamente se arrisca, ao infinito, que é incerto. Não é assim: todo jogador arrisca com certeza para ganhar com incerteza e, não obstante, ele certamente arrisca o finito para ganhar incertamente o finito, sem pecar contra a razão. Não há infinidade de distância entre essa certeza do que se arrisca e a incerteza do ganho; isso é falso. Existe, na verdade, infinidade entre a certeza de ganhar e a certeza de perder. Mas a incerteza de ganhar é proporcional à certeza do que se arrisca, segundo uma proporção das probabilidades de ganho e de perda; daí se deduz que, se há tantas probabilidades de um lado quanto de outro, as probabilidades são iguais e, portanto, a certeza do que se arrisca é igual à incerteza do ganho, longe de ser infinitamente distante dela. E, assim, nossa proposição é infinitamente forte, quando só há o finito a arriscar em um jogo onde há probabilidades iguais de ganho e de perda, e o infinito a ganhar. Isso pode ser demonstrado, e se as pessoas são capazes de alguma verdade, esta deve ser uma delas.

Confesso-o, admito-o, mas será que não existe um meio de ver um pouco mais claro? Sim, por meio das Escrituras, e por todas as outras provas da religião, que são infinitas.

Aqueles que esperam a salvação, direis, são felizes nisso. Mas, em compensação, têm medo do inferno.

Todavia quem tem mais razões para temer o inferno, aquele que ignora que há um inferno e tem a certeza da danação caso ele exista ou aquele que está até certo ponto persuadido de que há um inferno e tem a esperança de ser salvo?

Todo aquele que, não tendo mais do que oito dias para viver, não achasse que o melhor é apostar que tudo isso é mais do que um golpe do acaso, teria perdido completamente o juízo. Ora, se as paixões não nos dominassem, oito dias e cem anos seriam a mesma coisa.

Que mal vos acontecerá se fizerdes essa aposta? Sereis fiel, honesto, humilde, grato, caridoso, sincero, verdadeiro. É verdade que não tomareis parte nos prazeres corruptos, na glória, nas delícias. Mas não tereis outros? Eu vos digo que, com isso, ganhareis nesta vida e que a cada passo que derdes nesse caminho, vereis tanta certeza do ganho, e tanta insignificância no que arriscaríeis, que percebereis, no final, que apostastes em algo certo e infinito, e que não destes nada para obtê-lo.

Dizeis que sois feito de tal maneira que não conseguis crer. Reconhecei ao menos vossa incapacidade de crer, já que a razão a isso vos conduz e, ainda assim, não o podeis. Esforçai--vos, pois, a vos convencer, não pelo aumento das provas de Deus, mas pela diminuição de vossas paixões. Quereis chegar à fé, e não conheceis o caminho; quereis curar-vos da incredulidade, e pedis os remédios; aprendei com aqueles que eram como vós, e que não guardam atualmente nenhuma dúvida. Eles conhecem esse caminho que quereis trilhar, e se curaram de um mal do qual vos quereis curar. Segui a maneira pela qual eles começaram; imitai suas ações exteriores, se ainda não podeis compartilhar de suas disposições interiores; abandonai esses divertimentos vãos que vos ocupam todo o tempo.

Eu abandonaria esses prazeres, dizeis, se tivesse fé. Quanto a mim, vos digo que teríeis fé se tivésseis abandonado esses prazeres. Ora, cabe a vós começar. Se pudesse, eu vos daria a fé; não o posso fazer, nem, em consequência, confirmar a verdade do que dizeis, mas vós podeis abandonar esses prazeres e confirmar se o que vos digo é verdadeiro.

[§] Não devemos deixar de reconhecer: somos corpo tanto quanto intelecto, e daí decorre que o instrumento pelo qual somos persuadidos não é apenas a demonstração. Quão poucas coisas podem ser demonstradas? Provas só convencem o intelecto. O hábito torna nossas provas mais fortes. Ele estimula os sentidos, que arrastam o intelecto sem que este se dê conta. Quem demonstrou que haverá um amanhã e que morreremos? E, no entanto, há algo em que se creia mais universalmente? É, portanto, o hábito que nos persuade; é ele que faz tanto os turcos quanto os pagãos; é ele que faz os ofícios, os soldados, etc. É verdade que não se deve começar por ele para encontrar a verdade; mas é preciso recorrer a ele, quando o intelecto tenha visto onde está a verdade, para nela matarmos nossa sede e nos impregnarmos com essa crença que nos escapa constantemente, pois ter sempre as provas à mão é muito trabalhoso. Precisamos adquirir uma crença mais fácil, que é a do hábito, que, sem violência, sem artifícios, sem argumentos nos faz crer nas coisas, e dirige todas as nossas forças a essa crença, de forma que nossa alma se volta para ela naturalmente. Não basta crer apenas pela força da convicção, se os sentidos nos levam a crer no contrário. É preciso, então, fazer com que nossos dois lados andem juntos — o intelecto, pelas razões que basta ter visto uma vez na vida; e os sentidos, pelo hábito —, e não permitir que rumem em sentidos contrários.

VIII

Retrato de alguém que deixou de buscar a Deus apenas pelo raciocínio e começou a ler as Escrituras

Vendo a cegueira e a miséria do ser humano, assim como as espantosas contradições que se revelam em sua natureza, contemplando todo o universo mudo e o ser humano sem luz, abandonado a si mesmo e como que perdido neste canto do universo, sem saber quem aqui o colocou, o que veio fazer aqui e o que acontecerá com ele ao morrer, apavoro-me como alguém que tivesse sido levado adormecido para uma ilha deserta e assustadora, e que acordasse sem saber onde está e sem dispor de nenhum meio de sair dali. A essa altura me admiro de que ele não entre em desespero, encontrando-se em estado tão miserável. Vejo outras pessoas perto de mim com natureza semelhante. Pergunto-lhes se estão mais bem informadas do que eu, e me dizem que não. Então essas pessoas infelizes e perdidas, tendo olhado a seu redor e visto alguns objetos agradáveis, a eles se entregaram e se apegaram. Quanto a mim, não pude fazer isso, nem repousar na sociedade dessas pessoas semelhantes a mim, infelizes como eu, impotentes como eu. Vejo que não me ajudariam a morrer. Morrerei só. É necessário, então, agir como se estivesse só. Ora, se eu estivesse só, não construiria casas, não me aborreceria com ocupações turbulentas, não buscaria a estima de ninguém, mas trataria somente de descobrir a verdade.

Considerando as probabilidades existentes de que haja algo além do que vejo, tento descobrir se esse Deus do qual todos falam não teria deixado sinais de sua existência. Procuro em todos os lugares e vejo apenas obscuridade. A natureza não me apresenta nada que não seja fonte de dúvida e de inquietude. Se eu não visse nada que assinalasse uma divindade, decidiria não crer em nada. Se visse em todos os lugares sinais de um Criador, repousaria em paz na fé. Mas, vendo demais para o negar, e de menos para ter certeza, encontro-me em um estado lamentável, em que desejei cem vezes que, se um Deus sustenta a natureza, ela o indicasse sem equívocos, e que, se os sinais que ela nos fornece dele são enganosos, que os suprimisse por completo; que ela dissesse tudo ou nada, a fim de que eu soubesse que posição adotar. Em vez disso, no estado em que estou, ignorando o que sou e o que devo fazer, não conheço nem minha condição, nem meu dever. Meu coração inteiro anseia por saber onde está o verdadeiro bem, para segui-lo. Nenhum preço seria alto demais para isso.

Vejo uma multiplicidade de religiões em diversas partes do mundo e em todos os tempos. Mas sua moral não me satisfaz, e suas provas não são capazes de me convencer. E, assim, eu teria recusado igualmente a religião de Maomé, a da China, a dos antigos romanos e a dos egípcios por essa única razão, de que uma não tendo mais sinais de verdade do que a outra, nem nada que a determinasse uma decisão, a razão não pode pender mais para uma do que para a outra.

Porém, assim considerando essa inconstante e bizarra variedade de costumes e de crenças ao longo dos vários tempos, encontro, em uma pequena parte do mundo, um povo peculiar, separado de todos os outros povos da terra, e cujas histórias precedem de vários séculos as mais antigas que conhecemos. Encontro, então, esse povo grande e numeroso, que adora um único Deus e que se governa por uma lei que dizem ter recebido de sua mão. Eles alegam que são os únicos no mundo a quem Deus revelou seus mistérios; que todos os seres humanos são corrompidos e perderam a graça de Deus; que estão todos abandonados a seus sentidos e a seu próprio entendimento, e que de lá vêm os estranhos desvios e as mudanças contínuas que ocorrem entre eles, quer de religião, quer de costumes, ao passo que, em sua conduta, eles permanecem inabaláveis, mas que Deus não deixará eternamente que os outros povos permaneçam nas trevas; que virá um libertador para todos; que eles estão no mundo para anunciar exatamente isso; que foram formados justamente para serem os arautos desse grande acontecimento e para chamar todos os povos a se unirem a eles na espera desse libertador.

O encontro desse povo me surpreende e me parece digno de uma extrema atenção por vários acontecimentos admiráveis e singulares que ali se manifestam.

É um povo todo composto de irmãos e, ao contrário de todos os outros, que são formados pela reunião de uma infinidade de famílias, esse, embora tão estranhamente numeroso, origina-se de um único homem. Sendo todos uma mesma carne e membros uns dos outros, compõem um poderoso estado de uma só família. Isso é único.

Esse povo é o mais antigo que existe no conhecimento humano, o que me parece ser a origem da especial veneração que desperta, principalmente na pesquisa que fazemos, pois se Deus sempre se comunicou com os seres humanos, é a esse povo que é preciso recorrer para conhecer sua tradição.

Esse povo não é notável apenas por sua antiguidade, mas é também singular em sua duração, que se estendeu desde sua origem até hoje. Ao contrário dos povos da Grécia, da Itália, da Lacedemônia, de Atenas, de Roma e outros, que vieram tanto tempo depois e acabaram há tanto tempo, eles subsistem sempre e, apesar dos empreendimentos de tantos reis poderosos que cem vezes tentaram exterminá-los — como os historiadores testemunham e como se esperaria que acontecesse pela ordem natural das coisas durante um intervalo de tempo tão longo —, eles se conservaram sempre e, estendendo-se desde os primeiros tempos até os mais recentes, sua história abrange em sua duração a de toda a nossa história.

A lei pela qual esse povo é governado é, de modo geral, a mais antiga lei do mundo, a mais perfeita e a única que sempre foi mantida sem interrupção em um Estado. É o que Filon, o judeu, mostra em diversos textos, e o que Josefo mostra admiravelmente em *Contra Apiano*, onde demonstra que ela é tão antiga que o próprio nome de lei só foi conhecido dos mais antigos mais de mil anos depois, de modo que Homero, que escreveu sobre tantos povos, jamais a utilizou. E é fácil julgar sua perfeição pela mera leitura, pela qual se vê que tratou de todas as questões com tanta sabedoria, tanta equidade, tanto discernimento que os mais antigos legisladores gregos e romanos, ao conhecerem-na, extraíram dela suas principais leis, o que se evidencia nas chamadas Doze Tábuas e pelas outras provas que Josefo nos apresenta.

Porém essa lei é, ao mesmo tempo, a mais severa e a mais rigorosa de todas, obrigando esse povo, para manter a obediência ao dever, a mil práticas específicas e penosas, sob pena de morte. De maneira que é espantoso que ela tenha sido conservada durante tantos séculos por um povo rebelde e impaciente como esse, enquanto todos os outros estados alteraram de tempos em tempos suas leis, mesmo que essas fossem bem mais fáceis de cumprir.

[§] Esse povo é também admirável pela sinceridade. Guardam com amor e fidelidade o livro em que Moisés declara que eles sempre foram ingratos para com Deus e que sabe que o serão ainda mais após sua morte, e que invoca o céu e a terra como testemunhas contra eles quanto à suficiência dos ensinamentos que lhes transmitiu. Que Deus, enfim, se irritando com eles, os dispersará entre todos os povos da terra; que, como o irritaram adorando deuses que não eram o seu Deus, assim também ele os irritará chamando um povo que não era o seu povo.

[§] De resto, não vejo nenhum motivo para duvidar da verdade do livro que contém todas essas coisas. Pois há uma grande diferença entre um livro criado por um indivíduo e que ele divulga entre o povo, e um livro que cria ele mesmo um povo. Não se pode duvidar de que esse livro seja tão antigo quanto o povo.

[§] É um livro criado por autores contemporâneos. Toda história que não é contemporânea é suspeita, como os livros Sibilinos e de Trismegisto, e tantos outros nos quais o mundo acreditou e se revelaram falsos com o passar do tempo. Mas o mesmo não acontece com autores contemporâneos.

IX

Injustiça e corrupção do ser humano

O ser humano foi visivelmente feito para pensar. Esta é toda a sua dignidade e todo o seu mérito. Todo o seu dever consiste em pensar corretamente, e a ordem do pensamento é começar por si, por seu autor e sua finalidade. Mas em que pensa o mundo? Nunca nisso, mas em se divertir, em ficar rico, em adquirir fama, em virar rei, sem pensar no que é ser rei e ser humano.

[§] O pensamento humano é algo admirável por natureza. Seria necessário que tivesse estranhos defeitos para ser desprezível. Mas alguns de seus defeitos fazem com que nada seja mais ridículo. Como é grande por natureza! Como é vil por seus defeitos!

[§] Se há um Deus, é preciso amar somente a ele e não às criaturas. O raciocínio dos ímpios no Livro da Sabedoria se baseia tão somente na convicção de que não existe Deus. Diante disso, dizem eles, desfrutemos das criaturas. Mas, se eles soubessem que há um Deus, teriam chegado à conclusão oposta. E esta é a conclusão dos sábios: há um Deus; portanto, não desfrutemos das criaturas. Assim, tudo o que nos incita a nos apegarmos à criatura é mau, pois nos impede de servir a Deus se o conhecemos ou de buscá-lo se não o conhecemos. Ora, somos cheios de concupiscência e, portanto, cheios de mal. Assim, devemos odiar a nós mesmos e tudo o que nos prende a qualquer outra coisa além de Deus.

[§] Quando queremos pensar em Deus, quantos sentimentos temos que nos desviam e que nos tentam a pensar em algo diferente? Tudo isso é mau e nasceu conosco.

[§] É falso que sejamos dignos de que os outros nos amem. É injusto que o desejemos. Se nascêssemos racionais e com algum conhecimento de nós mesmos e dos outros, não teríamos essa inclinação. Portanto, nascemos injustos, pois cada um visa a si mesmo. Isso é contra toda ordem. É preciso visar ao geral. E a inclinação para si mesmo é o começo de toda a desordem, na guerra, na polícia, na economia, etc.

[§] Se os membros das comunidades naturais e civis cuidam do bem do corpo, as próprias comunidades devem cuidar de um outro corpo mais geral.

[§] Quem não odeia em si esse amor-próprio e esse instinto que o leva a se colocar acima de tudo, é bem cego, pois nada é tão contrário à justiça e à verdade. Porque é falso que mereçamos isso e é injusto e impossível obtê-lo, já que todos pedem a mesma coisa. É, assim, uma evidente injustiça na qual nascemos, da qual não conseguimos nos desfazer e da qual é preciso que nos desfaçamos.

Entretanto, nenhuma outra religião além da cristã indicou que isso fosse um pecado, nem que nele tenhamos nascido, nem que sejamos obrigados a resistir-lhe, nem pensou em nos fornecer remédios contra ele.

[§] Há uma guerra interna no ser humano entre a razão e as paixões. Ele poderia desfrutar de alguma paz se tivesse apenas a razão, sem paixões, ou se tivesse apenas as paixões, sem a razão. Porém, tendo ambas, não consegue existir sem guerra, não podendo ter paz com uma sem que esteja em guerra com a outra. Assim, está sempre dividido e em oposição a si mesmo.

[§] Se é uma cegueira que não é natural viver sem tentar saber o que somos, é ainda mais terrível viver mal quando se crê em Deus. Quase todas as pessoas estão em uma ou outra dessas duas cegueiras.

X

Judeus

Deus, querendo mostrar que podia formar um povo santo de uma santidade invisível e cumulá-lo com uma glória eterna, realizou nos bens da natureza o que devia realizar nos da graça, para que se pensasse que ele podia fazer o invisível, já que fazia bem o visível.

Salvou, então, seu povo do dilúvio na pessoa de Noé; fê-lo nascer de Abraão, resgatou-o de seus inimigos e permitiu-lhe que repousasse.

O objetivo de Deus não era salvá-lo do dilúvio e fazer nascer todo um povo de Abraão simplesmente para o introduzir em uma terra fértil. Mas, como a natureza é uma imagem da graça, esses milagres visíveis são também as imagens dos invisíveis que ele desejava fazer.

[§] Outra razão pela qual ele formou o povo judeu é que, tendo o projeto de privar os seus dos bens carnais e perecíveis, desejava mostrar, com tantos milagres, que a privação não se devia a sua falta de poder.

[§] Esse povo estava mergulhado em pensamentos terrestres de que Deus amava seu pai Abraão, sua carne e o que dela saísse; e que era por isso que ele os havia multiplicado e distinguido de todos os outros povos, sem permitir que com eles se misturassem; que ele os havia retirado do Egito com todos aqueles grandes sinais que produziu em seu favor; que os havia nutrido com maná no deserto; que os havia conduzido a uma terra bem-aventurada e fértil; que lhes havia dado reis e um templo bem construído para que lhe oferecessem sacrifícios e para ali serem purificados pelo derramamento do sangue dos animais sacrificados; e que devia, enfim, enviar-lhes o Messias para torná-los senhores de todo o mundo.

[§] Os judeus estavam acostumados aos grandes e esplendorosos milagres e, tendo encarado os grandes feitos do mar Vermelho e a terra de Canaã como apenas uma prévia das grandes façanhas de seu Messias, esperavam dele coisas ainda mais esplendorosas. Portanto, tudo o que Moisés havia feito não passava de amostra.

[§] Tendo o povo envelhecido em seus erros carnais, Jesus Cristo veio no tempo predito, mas não com o esplendor esperado. Assim, eles não acharam que ele fosse o Messias. Depois de sua morte, São Paulo veio ensinar às pessoas que todas essas coisas haviam sido expressas em figuras, que o reino de Deus não era da carne, mas do espírito, que os inimigos não eram os babilônios, mas suas paixões; que Deus não se satisfazia com os templos construídos pela mão humana, mas com um coração puro e humilhado; que a circuncisão do corpo era inútil, mas que a do coração era necessária, etc.

[§] Deus, não querendo revelar essas coisas a esse povo que não era digno dessas revelações e querendo, ainda assim, predizê-las para que acreditassem nelas, predisse-lhes o tempo claramente e até, algumas vezes, se expressou claramente sobre elas, mas, geralmente, em figuras, para que aqueles que gostavam das coisas figurantes[1] se detivessem aí, e que aqueles que gostavam das coisas figuradas[2] aí as vissem. Foi o que fez com que, no tempo do Messias, os povos se dividissem: os espirituais o receberam e os carnais que o rejeitaram permaneceram para lhe servir de testemunhas.

---

[1] Ou seja, as coisas carnais que serviam como figuras.
[2] Ou seja, as verdades espirituais figuradas pelas coisas carnais.

[§] Os judeus carnais não entendiam a grandeza nem a humilhação do Messias predito em suas profecias. Não o reconheceram em sua grandeza, como quando se diz que o Messias será senhor de Davi, embora seja seu filho; que existia antes de Abraão e que o viu. Não acreditaram que ele fosse tão grande quanto toda a eternidade. E não o reconheceram também em sua humilhação e morte. O Messias, diziam eles, permanece eternamente, e este diz que morrerá. Assim, não acreditavam que ele fosse nem mortal nem eterno: procuravam nele apenas uma grandeza carnal.

[§] Gostavam tanto das coisas figurantes e as esperavam tanto que não reconheceram a realidade quando ela veio no tempo e na maneira predita.

[§] Aqueles que têm dificuldade em crer encontram pretexto para isso no fato de os judeus não crerem. Se tudo era assim tão claro, dizem, por que eles não creram? Mas é sua própria recusa que é o fundamento de nossa crença. Estaríamos bem menos dispostos a crer se eles estivessem do nosso lado. Teríamos então um pretexto bem maior para a incredulidade e a desconfiança. É admirável ver que os judeus, que tanto amavam as coisas preditas, odiassem tanto a sua realização, e que esse próprio ódio tenha sido predito.

[§] Para dar crédito ao Messias eram necessárias as profecias precedentes, e que elas estivessem a cargo de pessoas insuspeitas, diligentes, leais e de um zelo extraordinário, conhecidas por todo o mundo.

Para ter êxito em tudo isso, Deus escolheu esse povo carnal, ao qual confiou as profecias que predizem o Messias como libertador e provedor dos bens carnais que esse povo amava. Assim, esse povo demonstrou um ardor extraordinário por seus profetas e divulgou a todo o mundo esses livros que predizem a vinda do Messias, garantindo a todas as nações que ele viria e na maneira predita em seus livros, que eram mantidos abertos a todos. Entretanto, ao se sentirem decepcionados pelo advento ignominioso e pobre do Messias, transformaram-se em seus maiores inimigos. De modo que, eis o povo menos suspeito no mundo de nos favorecer, que age por nós, e que, pelo zelo que possui por sua lei e por seus profetas, carrega e conserva com uma exatidão incorruptível tanto sua condenação quanto nossas provas.

[§] Aqueles que rejeitaram e crucificaram Jesus Cristo, que, para eles, foi uma fonte de escândalo, são aqueles que transmitem os livros que dele testemunham e que dizem que ele será rejeitado e fonte de escândalo. Assim, ao recusá-lo, provaram quem era ele, e ele foi igualmente confirmado tanto pelos judeus justos que o receberam quanto pelos injustos que o rejeitaram, tendo ambos sido preditos.

[§] É por isso que as profecias possuem um sentido oculto, o espiritual, do qual esse povo era inimigo, sob o carnal, que eles amavam. Se o sentido espiritual tivesse sido revelado, eles não seriam capazes de o amar e não os teriam transmitido; não teriam tido zelo pela conservação de seus livros e de suas cerimônias. E, se eles houvessem amado suas promessas espirituais e se as tivessem conservado incorruptas até a chegada do Messias, seu testemunho não teria tido força, já que seriam testemunhos de amigos. Eis por que foi bom que o sentido espiritual tenha sido encoberto. Mas, por outro lado, se esse sentido tivesse sido oculto a tal ponto que não aparecesse de modo algum, não teria podido servir de prova para o Messias. O que foi feito, então? Esse sentido foi encoberto sob o sentido temporal na maioria das passagens e foi revelado claramente em algumas. Além disso, o tempo e o estado do mundo foram preditos de uma forma ainda mais clara do que o próprio sol. E esse sentido espiritual é tão claramente explicado em algumas passagens que, para não o reconhecer, seria preciso uma cegueira semelhante àquela que a carne lança sobre o espírito quando o domina.

Aí está, portanto, qual foi a conduta de Deus. Esse sentido espiritual é encoberto por um outro em uma infinidade de passagens e revelado em algumas poucas — raramente, na verdade, mas de tal forma, mesmo assim, que as passagens onde está oculto são ambíguas e podem se referir a ambos, ao passo que as passagens onde é revelado são inequívocas e só podem se referir ao sentido espiritual.

De maneira que isso não induzia ao erro e somente um povo tão carnal quanto aquele poderia se confundir.

Afinal, quando os bens são prometidos em profusão, o que os impedia de entenderem os verdadeiros bens, senão sua cupidez, que atribuía esse sentido aos bens terrenos? Mas aqueles que só viam bens em Deus, os relacionavam unicamente a Deus. Pois há dois princípios que dividem a vontade dos seres humanos: a cupidez e a caridade. Não que a cupidez não possa conviver com a fé, e que a caridade seja incompatível com os bens terrenos. Mas a cupidez se serve de Deus e se deleita com o mundo, e a caridade, ao contrário, serve-se do mundo e se deleita com Deus.

Ora, a finalidade última é a que dá o nome às coisas. Tudo o que nos impede de alcançá-lo é chamado de inimigo. Assim as criaturas, ainda que boas, são inimigas dos justos quando os desviam de Deus, e o próprio Deus é inimigo daqueles cuja cupidez ele perturba.

Desse modo, como a palavra inimigo depende da finalidade última, os justos entendiam por ela as suas paixões, e os carnais entendiam os babilônios, de forma que esses termos só eram obscuros para os injustos. Foi o que disse Isaías: *Signa legem in discipulis meis*;[3] e que Jesus Cristo "será pedra de tropeço" (Is 8.14), mas "bem-aventurado é aquele que não achar

---

[3] "Sela a lei no coração dos meus discípulos" (Is 8.16).

em mim motivo de tropeço" (Mt 11.6). Oseias também o declarou perfeitamente: "Onde está o sábio? E ele entenderá o que digo? Pois os caminhos de Deus são retos, e os justos andarão neles, mas os maus ali tropeçarão" (Os 14.9-10).

E, no entanto, esse Testamento feito de tal forma que, iluminando a uns, cega a outros, assinalava, naqueles mesmos a quem cegava, a verdade que devia ser conhecida dos outros. Pois os bens visíveis que eles recebiam de Deus eram tão grandes e tão divinos que ficava evidente que ele teria o poder de lhes dar os invisíveis e um Messias.

[§] O tempo do primeiro advento de Jesus Cristo é predito; o tempo do segundo não o é, porque o primeiro devia ser oculto, enquanto o segundo deve ser esplendoroso e tão evidente que até seus inimigos o reconhecerão. Mas, como o primeiro advento devia ser obscuro, para que ele fosse conhecido somente por aqueles que sondassem as Escrituras, Deus dispôs tudo de forma a que ele fosse reconhecido. Os judeus confirmaram-no recebendo-o, pois eram os depositários das profecias, e confirmaram-no também não o recebendo, porque, ao fazê-lo, cumpriram as profecias.

[§] Os judeus tinham milagres, profecias que viam se realizar, e a doutrina de sua lei era não adorar e não amar senão a um único Deus. Era também perpétua. Assim, possuía todas as marcas da verdadeira religião, o que realmente era. Mas é preciso distinguir entre a doutrina dos judeus e a doutrina da lei dos judeus. Ora, a doutrina dos judeus não era verdadeira, embora apresentasse milagres, profecias e perpetuidade, porque não incluía esse outro ponto, que é o de adorar e amar somente a Deus. A religião judaica deve, portanto, ser considerada diferentemente na tradição dos livros santos e na tradição do povo. A moral e a felicidade dela são ridículas na tradição do povo, mas é incomparável nos livros santos. Seu fundamento é admirável. É o livro mais antigo do mundo e o mais autêntico. E, ao contrário de Maomé, que, para garantir a sobrevivência do seu, proibiu a sua leitura, Moisés, para garantir a sobrevivência do seu, ordenou que todo o mundo o lesse.

[§] A religião judaica é toda divina em sua autoridade, duração, perpetuidade, moral, conduta, doutrina, efeitos, etc.

Foi formada segundo a semelhança da verdade do Messias, e a verdade do Messias foi reconhecida pela religião dos judeus, da qual era a figura.

Entre os judeus, a verdade era apenas figurada. No céu ela é descoberta. Na Igreja ela é encoberta e reconhecida pela relação com a figura. A figura foi construída com base na verdade, e a verdade foi reconhecida com base na figura.

[§] Quem julgar a religião dos judeus pelas pessoas vulgares a entenderá mal. Ela é visível nos livros santos e na tradição dos profetas, que demonstraram fartamente que não interpretavam a lei ao pé da letra. Assim, nossa religião é divina no Evangelho, nos apóstolos e na tradição, mas completamente desfigurada pelos que a compreendem mal.

[§] Havia dois tipos de judeus. Uns não tinham senão as afeições pagãs; outros tinham as afeições cristãs.

[§] O Messias, segundo os judeus carnais, deve ser um grande príncipe temporal. Segundo os cristãos carnais, ele veio nos dispensar de amar Deus e nos dar sacramentos que tudo operam sem a nossa participação. Nem um nem outro é a religião cristã ou a judaica.

[§] Os verdadeiros judeus e os verdadeiros cristãos reconheceram um Messias que os faria amar a Deus e, por esse amor, triunfar sobre os inimigos.

[§] O véu que está sobre os livros das Escrituras para os judeus está também para os maus cristãos e para todos aqueles que não se odeiam a si mesmos. Mas como estamos bem-dispostos a entendê-los e a conhecer Jesus Cristo quando odiamos verdadeiramente a nós mesmos!

[§] Os judeus carnais encontram-se entre os cristãos e os pagãos. Os pagãos não conhecem a Deus e amam apenas o que é terreno. Os judeus conhecem o verdadeiro Deus e amam apenas o que é terreno. Os cristãos conhecem o verdadeiro Deus e não amam o que é terreno. Os judeus e os pagãos amam os mesmos bens. Os judeus e os cristãos conhecem o mesmo Deus.

[§] Trata-se visivelmente de um povo criado de propósito para servir de testemunha para o Messias. Ele guarda os livros, ama-os e não os entende. E tudo isso é predito, pois se diz que os julgamentos de Deus lhe são confiados, mas como um livro selado.

[§] Enquanto os profetas estavam lá para guardar a lei, o povo foi negligente. Mas quando não existiram mais profetas, seguiu-se o zelo, o que é uma providência admirável.

XI

Moisés

Quando a criação do mundo começou a ficar distante, Deus providenciou um historiador contemporâneo e confiou a todo um povo a guarda desse livro, a fim de que essa história fosse a mais autêntica do mundo e que todos pudessem aprender algo tão necessário de saber e que só se poderia saber dessa forma.

[§] Moisés era um homem inteligente. Isso é claro. Assim, se ele planejasse enganar, tê-lo-ia feito de forma que ninguém o acusaria de mentir. Ele fez exatamente o oposto, pois, se tivesse contado mentiras, qualquer judeu poderia reconhecer a farsa.

Por que, por exemplo, ele fez a vida dos primeiros seres humanos tão longa e tão poucas gerações? Ele poderia ocultar uma fraude ao longo de várias gerações, mas não o podia em tão poucas, porque não é o número de anos, mas a grande quantidade de gerações que torna as coisas obscuras.

A verdade só se altera pela mudança das pessoas. E, no entanto, Moisés colocou os dois acontecimentos mais memoráveis já imaginados, a saber, a criação e o dilúvio, tão próximos que quase se tocam, devido ao número reduzido de gerações. De forma que, no tempo em que ele escreveu esses relatos, a memória desses acontecimentos ainda devia ser recente para todos os judeus.

[§] Sem, que viu Lameque, que viu Adão, viveu para ver Abraão, e Abraão viu Jacó, que viu aqueles que viram Moisés. Portanto o dilúvio e a criação são verdadeiros. Isso é conclusivo para aqueles capazes de entendê-lo.

[§] A longevidade dos patriarcas, em vez de fazer com que as histórias passadas se perdessem, serviu, ao contrário, para as conservar. Pois o que faz com que muitas vezes não saibamos o suficiente da história de nossos antepassados é que nunca convivemos com eles e que frequentemente eles morreram antes que tivéssemos chegado à idade da razão. No entanto, quando as pessoas viviam tanto tempo, os filhos viviam muito tempo com os pais e, assim, tinham bastante tempo para conversar com eles. Ora, sobre o que eles conversariam senão sobre a história de seus antepassados, já que toda a história se reduzia a essa e que não havia nem as ciências, nem as artes, que ocupam boa parte dos discursos da vida? Além disso, percebe-se que, naquele tempo, os povos tinham um cuidado particular em conservar suas genealogias.

XII

Figuras

Existem figuras claras e demonstrativas, mas há outras que parecem menos naturais e que só são convincentes para aqueles que já foram persuadidos de outras formas. Essas figuras seriam semelhantes às que constituem a base das profecias do Apocalipse, explicadas conforme sua imaginação. Mas a diferença é que elas não se apoiam sobre nada que seja indubitável. Dessa forma, não há nada tão injusto como quando eles alegam que as suas são tão bem fundamentadas quanto qualquer uma das nossas, pois as deles não são demonstrativas como as nossas. A disputa não é, portanto, equilibrada. Não se deve igualar e confundir essas coisas porque elas parecem ser semelhantes de um lado, sendo tão diferentes de outro.

[§] Jesus Cristo, figurado por José, bem-amado de seu pai, enviado pelo pai para ver seus irmãos, inocente, vendido pelos irmãos por vinte moedas de prata e, com isso, transformado em seu senhor, seu salvador e salvador dos estrangeiros, e salvador do mundo. Nada disso teria acontecido sem o plano de o destruir, sem a venda e a rejeição a que o submeteram.

[§] Na prisão, José inocente entre dois criminosos; Jesus Cristo na cruz entre dois ladrões. José predisse a salvação de um e a morte do outro a partir dos mesmos sinais; Jesus Cristo salva um e condena o outro pelos mesmos crimes. José apenas prediz; Jesus Cristo faz. José pede àquele que será salvo que se lembre dele quando atingir a glória, e aquele que Jesus Cristo salva lhe pede que se lembre dele quando estiver em seu reino.

[§] A sinagoga não foi destruída porque era a figura da Igreja; mas, não sendo senão a figura, caiu na servidão. A figura sobreviveu até chegar a verdade, para que a Igreja fosse sempre visível, quer na imagem que a prometia, quer na realidade.

XIII

Que a lei era figurativa

Para provar de uma vez só os dois Testamentos, basta ver se as profecias de um são cumpridas no outro.

[§] Para examinar as profecias, é preciso entendê-las. Pois se cremos que elas contêm apenas um sentido, é certo que o Messias ainda não terá vindo. Mas, se contêm dois sentidos, é certo que ele terá vindo em Jesus Cristo.

Toda a questão é, portanto, saber se elas apresentam dois sentidos, se são figuras ou realidades, ou seja, se é preciso buscar algo além do que aparece à primeira vista, ou se é preciso se deter unicamente nesse primeiro sentido que elas apresentam.

Se a lei e os sacrifícios são a verdade, é preciso que agradem a Deus e que não o desagradem. Se são figuras, é preciso que agradem e desagradem.

Ora, em todas as Escrituras eles agradam e desagradam. Portanto, são figuras.

[§] É dito que a lei será mudada, que o sacrifício será mudado; que eles ficarão sem reis, sem príncipes e sem sacrifícios; que será feita uma nova aliança; que a lei será renovada; que os preceitos que receberam não são bons; que seus sacrifícios são abomináveis; que Deus não os pediu.

É dito, ao contrário, que a lei durará eternamente; que essa aliança será eterna; que o sacrifício será eterno; que o cetro não sairá jamais de suas mãos, pois não deve sair de suas mãos antes que o rei eterno chegue. Todas essas passagens indicam que essa é a realidade? Não. Indicam, por outro lado, que se trata de uma figura? Não: indicam que se trata de realidade ou figura. Mas, como as primeiras excluem a realidade, indicam que não passam de figura.

Todas essas passagens reunidas não podem ser ditas da realidade; todas podem ser ditas da figura. Portanto, elas não são ditas da realidade, mas da figura.

[§] Para saber se a lei e os sacrifícios são realidade ou figuras, é preciso ver se os profetas, ao falarem dessas questões, concentravam aí sua visão e seu pensamento, de forma que só vissem nelas a antiga aliança, ou se viam algo mais do qual elas fossem a imagem, pois em um retrato vemos o objeto figurado. Para isso basta examinar o que dizem.

Quando dizem que ela será eterna, estarão querendo falar da aliança que afirmam que será mudada? O mesmo se dá quanto aos sacrifícios, etc.

[§] Os profetas disseram claramente que Israel seria sempre amado por Deus, e que a lei existiria eternamente. Disseram também que ninguém entenderia o sentido do que diziam, pois esse sentido estava velado.

[§] A cifra apresenta dois sentidos. Quando deparamos com uma letra importante na qual encontramos um sentido claro, e na qual se diz, ainda assim, que o sentido está velado e obscuro, que o sentido está oculto de forma a vermos essa letra sem a ver, e entendermos sem a entender; o que devemos pensar senão que é uma cifra de duplo sentido, ainda mais quando nela se encontram contradições manifestas no sentido literal? Quanto devemos, então, estimar aqueles que nos desvelam a cifra e nos ensinam o sentido oculto, principalmente quando os princípios que adotam são totalmente naturais e claros? Foi o que fizeram Jesus Cristo e os apóstolos. Retiraram o selo, romperam o véu e revelaram o sentido. Ensinaram-nos com isso que os inimigos do ser humano são as paixões; que o redentor seria espiritual; que haveria dois adventos, um de miséria, para humilhar os soberbos, outro de glória, para elevar os humilhados; que Jesus Cristo seria Deus e homem.

[§] Jesus Cristo não fez outra coisa senão ensinar às pessoas que elas amavam a si mesmas e que eram escravas, cegas, doentes, infelizes e pecadoras; que era preciso que ele as libertasse, esclarecesse, beatificasse e curasse; que isso se faria se cada um odiasse a si mesmo e o seguisse na miséria e na morte na cruz.

[§] A letra mata: tudo vinha em figuras. Era preciso que Cristo sofresse: um Deus humilhado; circuncisão do coração; jejum verdadeiro; sacrifício verdadeiro; templo verdadeiro; dupla lei; duplas tábuas da lei; duplo templo; duplo cativeiro — eis a cifra que ele nos forneceu.

Ele nos ensinou, enfim, que todas essas coisas não passavam de figuras, e o que é verdadeiramente livre, o verdadeiro israelita, a verdadeira circuncisão, o verdadeiro pão do céu, etc.

[§] Nessas promessas cada um encontra o que há no fundo de seu coração, os bens temporais ou os bens espirituais; Deus, ou as criaturas, mas com esta diferença: aqueles que nelas procuram as criaturas, as encontram, mas com diversas contradições, com a proibição de amá-las, com a ordem de adorar apenas a Deus e de amar apenas a ele, enquanto aqueles que nelas procuram a Deus, o encontram e sem nenhuma contradição, e com o mandamento de amar apenas a ele.

[§] As fontes das contradições das Escrituras são um Deus humilhado até à morte na cruz, um Messias triunfando sobre a morte por meio de sua morte, duas naturezas em Jesus Cristo, dois adventos, dois estados da natureza humana.

[§] Como só se pode traçar a fisionomia de uma pessoa harmonizando todas as contradições, e como não basta seguir uma série de qualidades harmônicas sem conciliar as contrárias, assim também, para entender o sentido de um autor, é preciso harmonizar todas as passagens contraditórias.

Assim, para entender as Escrituras, é preciso encontrar um sentido em que todas as passagens contraditórias se harmonizem. Não basta encontrar um que se adeque a diversas passagens harmônicas; é preciso encontrar um que concilie até as passagens contraditórias.

Todo autor tem um sentido em que todas as passagens contraditórias se harmonizam, ou não tem sentido algum. Não se pode dizer isso das Escrituras, nem dos profetas. Eles tinham um excesso de bons sentidos. É preciso, portanto, buscar um sentido que harmonize todas as contradições.

O verdadeiro sentido não é, então, o dos judeus. Mas em Jesus Cristo todas as contradições se harmonizam.

Os judeus não sabem como harmonizar o fim da realeza e do principado, predito por Oseias, com a profecia de Jacó.

Tomando-se a lei, os sacrifícios e o reino como realidades, não é possível harmonizar todas as passagens de um mesmo autor, nem de um mesmo livro, nem às vezes de um mesmo capítulo. O que indica claramente qual era o sentido do autor.

[§] Não era permitido sacrificar fora de Jerusalém, que era o local que o Senhor havia escolhido, nem mesmo comer os dízimos em outro lugar.

[§] Oseias predisse que os judeus ficariam sem rei, nem príncipe, sem sacrifícios nem ídolos, predição que se cumpre atualmente, quando os judeus não podem fazer sacrifícios legítimos fora de Jerusalém.

[§] Quando a palavra de Deus, que é verdadeira, é falsa literalmente, ela é verdadeira espiritualmente. *Sede a dextris meis*.[1] Isso é falso literalmente e verdadeiro espiritualmente. Nessas expressões, fala-se de Deus à maneira humana, e isso significa apenas que, a mesma intenção que as pessoas geralmente têm quando mandam alguém se sentar à sua direita,

---

[1] "Assenta-te à minha direita" (Sl 110.1).

Deus também terá. É, portanto, uma marca da intenção de Deus, e não de sua maneira de executá-la.

Assim, quando se diz: "Deus acolheu o aroma dos vossos perfumes, e vos dará em recompensa uma terra rica e fértil", ou seja, a mesma intenção que teria uma pessoa que, gostando de vossos perfumes, vos desse como recompensa uma terra fértil, Deus a terá por vós, porque tivestes por ele a mesma intenção que uma pessoa tem por aquele a quem dá perfumes.

[§] O único objetivo das Escrituras é a caridade. Tudo o que não conduz a esse fim único é a sua figura, pois, como não há outro fim, tudo o que não aponta para ele em palavras explícitas é figurado.

Deus diversifica assim esse único preceito da caridade para satisfazer à nossa fraqueza, que é a busca da diversidade, dando-nos essa diversidade que nos leva sempre à nossa necessidade única. Pois apenas uma coisa é necessária, e amamos a diversidade, e Deus satisfaz a um e a outro com essas diversidades que levam a essa única necessidade.

[§] Os rabinos tomam como figuras os seios da esposa e tudo o que não exprime a única finalidade em que se concentram, os bens temporais.

[§] Há quem veja claramente que não existe outro inimigo do ser humano além da concupiscência que o desvia de Deus, nem outro bem além de Deus, e não uma terra fértil. Aqueles que creem que o bem do ser humano está na carne, e o mal no que o desvia dos prazeres dos sentidos; que se embriaguem deles e morram assim. Mas aqueles que buscam a Deus de todo o coração, que só ficam descontentes ao serem privados de sua visão, que só desejam possuí-lo e só consideram inimigos aqueles que os desviam do caminho, que se afligem por se verem cercados e dominados por esses inimigos, consolem-se: há um libertador para eles; há um Deus para eles. Um Messias foi prometido para livrá-los dos inimigos, mas veio um para livrá-los das iniquidades, não dos inimigos.

[§] Quando Davi prediz que o Messias livrará seu povo dos inimigos, pode-se crer carnalmente que se refere aos egípcios, e assim não terei como mostrar que a profecia foi cumprida. Mas também se pode crer que se refere às iniquidades. Pois na verdade os egípcios não são os inimigos, as iniquidades é que são. A palavra "inimigos" é, portanto, ambígua.

Mas se ele diz, em outra parte, como o faz, que livrará seu povo dos pecados, assim como Isaías e outros, a ambiguidade desaparece e o sentido duplo de "inimigos" se reduz ao sentido simples de "iniquidades". Pois, se estivesse pensando em pecados, podia se valer da palavra para denotar os inimigos, mas se pensava nos inimigos, não os poderia designar como iniquidades.

Ora, Moisés, Davi e Isaías usaram os mesmos termos. Quem dirá, então, que não os usavam com o mesmo sentido, e que o sentido de Davi, que é manifestamente de iniquidades quando falava de inimigos, não fosse o mesmo que o de Moisés ao falar de inimigos? Daniel, no capítulo 9, ora pela libertação do povo do cativeiro de seus inimigos, mas pensava nos pecados. Para o mostrar, diz que Gabriel veio lhe dizer que havia sido atendido e que, em menos de setenta semanas, o povo seria libertado da iniquidade, o pecado chegaria ao fim, e o libertador, o santo dos santos, traria a justiça eterna, não a legal, mas a eterna.

Uma vez que se desvendou esse segredo, é impossível não o ver. Leia-se o Antigo Testamento com essa visão e veja-se se os sacrifícios eram verdadeiros, se o parentesco de Abraão era a verdadeira causa da amizade de Deus, se a terra prometida era o verdadeiro local de repouso. Não. Portanto, eram figuras. Vejam-se, também, todas as cerimônias ordenadas e todos os mandamentos que não são pela caridade: ver-se-á que são figuras.

XIV

Jesus Cristo

A distância infinita da matéria ao intelecto figura a distância infinitamente mais infinita do intelecto à caridade, pois esta é sobrenatural.

Todo o esplendor das grandezas não tem brilho para as pessoas que se dedicam à pesquisa intelectual.

A grandeza dos intelectuais é invisível aos ricos, aos reis, aos conquistadores e a todos os grandes da carne.

A grandeza da sabedoria que vem de Deus é invisível aos carnais e aos intelectuais. São três ordens de tipos diferentes.

Os grandes gênios têm seu império, seu brilho, sua grandeza, suas vitórias, e não têm nenhuma necessidade das grandezas carnais, que não apresentam nenhuma relação com o que buscam. São vistos pelo intelecto, não pelos olhos, e isso basta.

Os santos têm seu império, seu brilho, suas vitórias e não necessitam das grandezas carnais nem intelectuais, que não pertencem a sua ordem e que não acrescentam nem retiram nada à grandeza que aspiram. São vistos por Deus e pelos anjos, e não pelos corpos nem pelos intelectos curiosos: Deus lhes basta.

Arquimedes, se não fosse ilustre de nascimento, seria venerado da mesma forma. Ele não participou de batalhas, mas deixou para todo o universo invenções admiráveis. Oh, como é grande e esplendoroso aos olhos do intelecto!

Jesus Cristo, sem bens e sem nenhuma mostra exterior de sabedoria, está na ordem da santidade. Não produziu invenções, não reinou, mas foi humilde, paciente, santo diante de Deus, terrível para os demônios, sem nenhum pecado. Oh, como chegou em grande pompa e em uma prodigiosa magnificência aos olhos do coração, que veem a sabedoria!

Teria sido inútil a Arquimedes apresentar-se como príncipe nos seus livros de geometria, embora ele o fosse.

Teria sido inútil a Nosso Senhor Jesus Cristo, para brilhar em seu reino de santidade, chegar como rei. Mas não há dúvida de que ele veio com o brilho de sua ordem!

É ridículo escandalizar-se com a condição humilde de Jesus Cristo, como se essa condição humilde fosse da mesma ordem que a grandeza que ele vinha manifestar. Considere-se essa grandeza em sua vida, paixão, obscuridade, morte, na escolha dos seus, na deserção deles, em sua ressurreição secreta e tudo o mais; ver-se-á que é tão grandiosa que não haverá razão para se escandalizar com uma condição humilde que não está nela.

Entretanto, existem aqueles que só conseguem admirar as grandezas carnais, como se não existissem as intelectuais; e outros que só admiram as intelectuais, como se não existissem grandezas infinitamente mais elevadas na sabedoria.

Toda a matéria, o firmamento, as estrelas, a Terra e os reinos não valem o menor dos intelectos, pois ele conhece tudo isso e a si mesmo, e a matéria, nada. E toda a matéria e todos os intelectos reunidos, e todas as suas obras, não valem o menor impulso de caridade, pois ela é de uma ordem infinitamente mais elevada.

De toda a matéria reunida não conseguiríamos extrair o menor dos pensamentos; é impossível, e de uma outra ordem. Toda a matéria e todos os intelectos reunidos não conseguiriam produzir um impulso de verdadeira caridade; é impossível, e de uma outra ordem, completamente sobrenatural.

[§] Jesus Cristo viveu em uma obscuridade (segundo o que o mundo chama de obscuridade) tal que os historiadores, que só escrevem sobre as coisas importantes, mal o notaram.

[§] Que ser humano já teve mais brilho do que Jesus Cristo? Todo o povo judeu o prediz antes de sua vinda. O povo gentio o adora após a sua vinda. Os dois povos, gentio e judeu, o encaram como seu centro. E, no entanto, quem menos desfrutou de todo esse brilho? De seus trinta e três anos ele vive trinta sem aparecer. Nos outros três, passa por impostor; os sacerdotes e as figuras ilustres o rejeitam; seus amigos e parentes o desprezam. Finalmente, morre de uma morte vergonhosa, traído por um dos seus, renegado pelo outro e abandonado por todos.

Que participação teve ele, então, nesse brilho? Nenhum ser humano jamais teve tanto brilho, nenhum jamais foi alvo de tanta ignomínia. Todo esse brilho serviu apenas a nós, para torná-lo conhecido a nós, e não serviu de nada para ele.

[§] Jesus Cristo fala das coisas mais importantes com tanta simplicidade que parece nem ter pensado nelas e tão claramente, não obstante, que bem se vê o que pensava delas. Essa clareza junto com essa singeleza é admirável.

[§] Quem ensinou aos evangelistas as qualidades de uma alma verdadeiramente heroica para retratá-la tão perfeitamente em Jesus Cristo? Por que o fazem fraco em sua agonia? Não sabiam retratar uma morte intrépida? Sim, sem dúvida, pois o mesmo São Lucas pinta a de Santo Estêvão mais forte do que a de Jesus Cristo. Mostram-no, assim, capaz de medo antes que a necessidade de morrer chegasse, e em seguida muito forte. Mas, quando o retratam como perturbado, é quando ele perturba a si mesmo, e quando os outros o perturbam, ele se mostra bastante forte.

[§] O evangelho só menciona a virgindade da Virgem até o nascimento de Jesus Cristo: tudo em relação a Jesus Cristo.

[§] Os dois Testamentos se voltam para Jesus Cristo: o Antigo Testamento como sua espera, o Novo como seu modelo; ambos o veem como seu centro.

[§] Os profetas predisseram e não foram preditos. Os santos, em seguida, foram preditos, mas não predizentes. Jesus Cristo foi predito e predizente.

[§] Jesus Cristo para todos, Moisés para um povo.

Os judeus abençoados em Abraão. "Abençoarei os que te abençoarem." Mas "todas as nações serão abençoadas em sua semente".

Lumen ad revelationem gentium.[1]

Non fecit taliter omni nationi,[2] dizia Davi, falando da lei. Mas ao falar de Jesus Cristo, é preciso dizer: *Fecit taliter omni nationi*.[3]

Cabe também a Jesus Cristo ser universal. A própria Igreja só oferece o sacrifício para os fiéis: Jesus Cristo ofereceu o da cruz a todos.

[§] Estendamos, pois, os braços ao nosso libertador, que, tendo sido prometido durante quatro mil anos, veio enfim sofrer e morrer por nós na terra nos tempos e em todas as circunstâncias que haviam sido preditas. E, por sua graça, esperando a morte em paz, na esperança de ficarmos eternamente unidos a ele, vivamos, não obstante, com alegria, quer pelos bens que lhe apraz nos dar, quer pelos males que nos envia para o nosso bem, e que, com seu exemplo, nos ensinou a suportar.

---

[1] "Luz para revelação aos gentios" (Lc 2.32).
[2] "Não fez assim a nenhuma outra nação" (Sl 147.20).
[3] "Fez assim a todas as nações."

XV

Provas de Jesus Cristo pelas profecias

A maior das provas de Jesus Cristo são as profecias. Foi também a elas que Deus mais se dedicou, pois o acontecimento que as cumpre é um milagre que persiste desde o nascimento da Igreja até o final dos tempos. Assim, Deus suscitou profetas durante mil e seiscentos anos e depois, durante quatrocentos anos, dispersou todas essas profecias entre todos os judeus, que as transmitiram a todos os lugares do mundo. Essa foi a preparação para o nascimento de Jesus Cristo, cujo evangelho, devendo ser acreditado por todo o mundo, necessitava não apenas de profecias para que se acreditasse nele, mas também que as profecias fossem disseminadas por todo o mundo, para que todo o mundo o abraçasse.

[§] Mesmo que uma única pessoa houvesse escrito um livro de predições de Jesus Cristo quanto ao tempo e à maneira, e Jesus Cristo tivesse vindo conforme essas profecias, isso seria de um força infinita. No entanto, há bem mais aqui. Trata-se de uma sucessão de pessoas durante quatro mil anos, que constantemente e sem variação, surgem uma atrás da outra para predizer esse mesmo advento. É um povo inteiro que o anuncia, e que subsiste durante quatro mil anos, para dar de corpo presente um testemunho das certezas que têm, das quais não se deixa desviar por quaisquer ameaças e perseguições que lhe façam. Isso é ainda mais notável.

[§] O tempo é predito pelo estado do povo judeu, pelo estado do povo pagão, pelo estado do templo, pelo número de anos.

[§] Tendo os profetas dado vários sinais que deviam todos conduzir ao advento do Messias, era preciso que todos esses sinais se realizassem ao mesmo tempo; assim, era preciso que a quarta monarquia se estabelecesse quando as setenta semanas de Daniel tivessem sido cumpridas; que o cetro fosse retirado de Judá e que então chegasse o Messias. E Jesus Cristo chegou nesse momento, declarando que era o Messias.

[§] Foi predito que na quarta monarquia, antes da destruição do segundo templo, antes que a dominação dos judeus fosse abolida e na septuagésima semana de Daniel, os pagãos seriam instruídos e conduzidos ao conhecimento do Deus adorado pelos judeus; que aqueles que o amavam seriam libertados de seus inimigos e inundados com o seu temor e amor.

E aconteceu que, na quarta monarquia, antes da destruição do segundo templo, etc., os pagãos em massa adoram a Deus e levam uma vida angélica; as moças consagram a Deus sua virgindade e sua vida; as pessoas renunciam a todo o prazer. Aquilo de que Platão não pôde persuadir alguns poucos escolhidos e tão cultos, uma força secreta persuade a cem milhares de pessoas ignorantes pela virtude de algumas poucas palavras.

O que é tudo isso? O que foi predito tanto tempo antes. *Effundam spiritum meum super omnem carnem*.[1] Todos os povos estavam na infidelidade e na concupiscência; toda a terra se tornou ardente de caridade; os príncipes renunciam a suas grandezas; os ricos abandonam seus bens; as jovens sofrem martírio; os filhos saem da casa dos pais para ir viver nos

---

[1] "Derramarei o meu Espírito sobre toda a carne" (Jl 2.28).

desertos. De onde vem essa força? É que o Messias chegou. Eis o efeito e os sinais de sua vinda.

Havia dois mil anos que o Deus dos judeus permanecia desconhecido entre a infinita multidão de povos pagãos e, no tempo predito, os pagãos passaram a adorar em massa esse Deus único. Os templos são destruídos: os próprios reis se submetem à cruz. O que é tudo isso? É o Espírito de Deus que foi derramado sobre a terra.

[§] Foi predito que o Messias viria estabelecer uma nova aliança, que faria com que a saída do Egito (Jr 23.7) fosse esquecida; que inscreveria sua lei não no exterior, mas nos corações (Is 51.7); que instalaria seu temor, que até então havia estado apenas no exterior, dentro do coração (Is 51.7; Jr 31.33; 32.40).

Que os judeus reprovariam Jesus Cristo, e que seriam reprovados por Deus, porque o vinhedo eleito só produziu uvas amargas (Is 5.2-4 etc.). Que o povo escolhido seria infiel, ingrato e incrédulo, *populum non credentem, et contradicentem*.[2] Que Deus os feriria de cegueira e que eles tateariam em pleno meio-dia como cegos (Dt 28.28-29).

Que a Igreja seria pequena no começo e cresceria em seguida (Ez 17).

Foi predito que então a idolatria seria derrubada, que o Messias destruiria todos os ídolos (Ez 30.13) e faria com que as pessoas passassem a cultuar o verdadeiro Deus.

Que os templos dos ídolos seriam abatidos e que, entre todos os povos e em todos os lugares do mundo, ser-lhe-iam oferecidos sacrifícios puros e não animais (Ml 1.11).

Que ensinaria a todos o caminho perfeito.

Que seria rei dos judeus e dos gentios.

---

[2] "Povo incrédulo e contraditor" (Is 65.2, tradução do latim).

E nunca existiu, antes ou depois, ninguém que tenha ensinado nada que se aproxime disso.

[§] Depois de tantos terem predito esse advento, Jesus Cristo enfim veio dizer: "Eis-me aqui, é chegada a hora". Ele veio dizer aos seres humanos que eles não têm outros inimigos senão eles próprios; que são suas paixões que os separam de Deus; que ele vem para os libertar e para lhes dar sua graça, a fim de formar com todos uma Igreja santa; que ele vai reunir nessa Igreja os pagãos e os judeus; que vem destruir os ídolos de uns e a superstição de outros.

O que os profetas, disse-lhes ele, anunciaram que deve acontecer, eu vos digo que meus apóstolos irão fazê-lo. Os judeus serão rejeitados; Jerusalém logo será destruída; os pagãos entrarão no conhecimento de Deus. Meus apóstolos os farão entrar, depois que tiverdes matado o herdeiro da vinha.

Em seguida os apóstolos disseram aos judeus: sereis amaldiçoados. E aos pagãos: entrareis no conhecimento de Deus.

A isso se opõem todos pela oposição natural de sua concupiscência. Esse rei dos judeus e dos gentios é oprimido por uns e por outros, que conspiram para sua morte. Todos os poderosos no mundo se unem contra essa religião nascente, os eruditos, os sábios, os reis. Uns escrevem, outros condenam, outros matam. E, apesar de todas essas oposições, eis Jesus Cristo, em pouco tempo, reinando sobre uns e outros e destruindo tanto o culto judaico em Jerusalém, que era o seu centro, e onde constrói sua primeira Igreja, quanto o culto dos ídolos em Roma, que era o seu centro, e onde ele constrói sua principal Igreja.

Essa gente simples e sem poder, como os apóstolos e os primeiros cristãos, resiste a todas as potências da terra; submete os reis, os eruditos e os sábios; e destrói a idolatria firmemente estabelecida. E tudo isso se faz apenas pela força dessa palavra, que o havia predito.

[§] Os judeus, matando Jesus Cristo para não o receber como Messias, lhe deram o último sinal de Messias. Ao continuarem desprezando-o, tornaram-se testemunhas insuspeitas. E matando-o e continuando a negá-lo, cumpriram as profecias.

[§] Quem não reconheceria Jesus Cristo em tantas circunstâncias que foram preditas? Pois está dito:

Que ele terá um precursor (Ml 3.1).

Que nascerá um menino (Is 9.6).

Que nascerá na vila de Belém; que sairá da família de Judá e de Davi; que aparecerá principalmente em Jerusalém (Mq 5.2).

Que cegará os sábios e os eruditos (Is 6.10), e anunciará o evangelho aos pobres e aos pequenos (Is 61.1); abrirá os olhos dos cegos e dará saúde aos enfermos, e levará a luz àqueles que definham nas trevas (Is 42.16).

Que ensinará o caminho perfeito (Is 30.21) e será preceptor dos gentios (Is 42.1-7; 55.4).

Que será a vítima pelos pecados do mundo (Is 53.5).

Que será a pedra angular e preciosa (Is 28.16).

Que será a pedra de tropeço e de escândalo (Is 8.14).

Que Jerusalém se chocará contra essa pedra (Is 8.14-15).

Que os construtores rejeitarão essa pedra (Sl 118.22).

Que Deus fará dessa pedra a pedra angular (Sl 118.22).

E que essa pedra crescerá, se transformará em uma montanha imensa e cobrirá toda a terra (Dn 2.35).

Que assim ele deve ser rejeitado, desprezado, traído, vendido (Zc 11.12), esbofeteado, escarnecido, atormentado em uma infinidade de maneiras, alimentado com fel (Sl 69.21); que teria os pés e as mãos traspassados (Sl 22.16); que lhe cuspiriam no rosto (Is 50.6); que ele seria morto (Dn 9.26) e tirariam a sorte para repartir suas vestes (Sl 22.18).

Que ele ressuscitaria no terceiro dia. (Sl 16.10; Os 6.2).

Que subiria ao céu, para se sentar à direita de Deus (Sl 110.1).
Que os reis se armariam contra ele (Sl 2.2).
Que, estando à direita do Pai, ele venceria seus inimigos (Sl 110.1,5).
Que os reis da terra e todos os povos o adorariam (Is 60.10).
Que os judeus subsistiriam como nação (Jr 31.36).
Que eles seriam errantes, sem reis, sem sacrifício, sem altar, etc. (Os 3.4), sem profetas (Amós); esperando a salvação e não a encontrando (Is 59.11).

[§] O Messias deveria, sozinho, produzir um grande povo, eleito, santo e escolhido; conduzi-lo, alimentá-lo, introduzi-lo no lugar de repouso e de santidade; torná-lo santo diante de Deus, fazer dele o templo de Deus, reconciliá-lo com Deus, salvá-lo da cólera de Deus, libertá-lo da servidão do pecado que reina visivelmente no ser humano; dar leis a esse povo, gravar essas leis em seu coração, oferecer-se a Deus por eles, sacrificar-se por eles, ser um sacrifício sem mácula e ser ele próprio sacrificador; devendo oferecer-se a si mesmo, seu corpo e seu sangue e, não obstante, oferecer pão e vinho a Deus. Jesus Cristo fez tudo isso.

[§] Foi predito que deveria vir um libertador, que esmagaria a cabeça do demônio, que deveria libertar seu povo dos pecados, *ex omnibus iniquitatibus*;[3] que deveria haver um Novo Testamento que seria eterno; que deveria haver um outro sacerdócio segundo a ordem de Melquisedeque; que essa seria eterna; que o Cristo seria glorioso, poderoso, forte e, ainda assim, tão miserável que não seria reconhecido; que não o tomariam pelo que é, que o rejeitariam, que o matariam; que seu povo, que o renegaria, não seria mais seu povo; que os idólatras o receberiam e recorreriam a ele; que ele abandonaria Sião para reinar no centro da idolatria;

---

[3] "De todas as suas iniquidades" (Sl 130.8).

que, apesar disso, os judeus subsistiriam para sempre; que ele seria de Judá e que não haveria mais reis.

[§] Os profetas misturaram profecias particulares com as que se referiam ao Messias, a fim de que as profecias do Messias não ficassem sem provas, e que as profecias particulares não ficassem sem fruto.

[§] *Non habemus Regnem nisi Cæsarem*,[4] diziam os judeus. Portanto, Jesus Cristo era o Messias, pois eles não tinham outro rei além de um estrangeiro, e não queriam ter outro.

[§] As setenta semanas de Daniel são ambíguas quanto ao termo inicial, por causa dos termos da profecia, e quanto ao termo final, por causa das divergências entre cronologistas. Mas toda a diferença não chega a duzentos anos.

[§] As profecias que representam Jesus Cristo como pobre o representam também como senhor das nações (Is 53.2ss; Zc 9.9).

As profecias que predizem o tempo só o predizem como senhor dos gentios e sofrendo, e não nas nuvens, nem como juiz. E as que o representam julgando as nações e glorioso, não indicam o tempo.

[§] Quando se fala do Messias como grande e glorioso, é evidente que é para julgar o mundo, e não para o redimir (Is 65.15-16).

---

[4] "Não temos rei, senão César!" (Jo 19.15).

XVI

Diversas provas de Jesus Cristo

Para não crer nos apóstolos, é preciso dizer que eles foram enganados ou enganadores. Ambas as hipóteses apresentam problemas. Pois, quanto à primeira, não é possível ser enganado a respeito da ressurreição de um homem. Quanto à outra hipótese, de que eles seriam trapaceiros, é estranhamente absurda. Mas vamos segui-la do início ao fim. Imagine esses doze homens reunidos após a morte de Jesus Cristo, armando uma conspiração para dizer que ele ressuscitou. Atacam, assim, todos os poderes existentes. O coração humano tende estranhamente à superficialidade, à mudança, às promessas, aos bens. Se apenas um deles se desmentisse em razão de qualquer uma dessas seduções ou, ainda mais, pela prisão, tortura e morte, eles estariam todos perdidos. Sigamos.

[§] Enquanto Jesus Cristo estava com eles, podia lhes dar apoio. Mas, depois disso, se ele não apareceu para eles, quem os fez agir?

[§] O estilo do Evangelho é admirável em uma infinidade de maneiras e, entre outras, no fato de que não há qualquer invectiva da parte dos historiadores contra Judas, Pilatos, nem contra qualquer dos inimigos ou carrascos de Jesus Cristo.

Se essa moderação dos historiadores evangélicos houvesse sido fingida, assim como tantos outros traços de um caráter tão belo, e se a fingissem só para que fosse notada, se não tivessem ousado eles próprios comentá-la, não teriam deixado de arranjar amigos que fizessem essas observações em seu proveito. Mas agiram assim sem fingimento e em um gesto completamente desinteressado, não pediram a ninguém para fazer qualquer observação. Na verdade não sei se isso já foi observado por alguém até o momento, o que testemunha a inocência com que tudo foi feito.

[§] Jesus Cristo fez milagres; em seguida, os apóstolos e os primeiros santos também fizeram vários, porque as profecias não estavam ainda cumpridas e, estando sendo cumpridas por eles, nada testemunhava delas além dos milagres. Havia sido predito que o Messias converteria as nações. Como essa profecia se cumpriria sem a conversão das nações? E como as nações seriam convertidas ao Messias se não vissem esse último efeito das profecias que o provam? Portanto, antes que ele tivesse sido morto, que ressuscitasse e que as nações fossem convertidas, não estava tudo cumprido. E, assim, foram necessários milagres durante tudo esse tempo. Agora não é mais necessário provar a verdade da religião cristã, pois as profecias cumpridas são um milagre que subsiste.

[§] O estado em que se encontram os judeus é mais uma grande prova da religião. Pois é algo espantoso ver esse povo subsistir há tantos anos e vê-lo sempre miserável; sendo necessário para a prova de Jesus Cristo não apenas que eles subsistam para o provar como que continuem na miséria, já que o crucificaram. E, por mais contraditório que seja ser miserável e subsistir, esse povo subsiste sempre, apesar de sua miséria.

[§] Mas eles não estavam mais ou menos no mesmo estado no tempo do cativeiro? Não. O cetro não foi interrompido pelo cativeiro da Babilônia, já que o retorno estava prometido e predito. Quando Nabucodonosor levou o povo embora, com receio que se acreditasse que o cetro houvesse sido tirado de Judá, ele lhes disse antes que ficariam ali por pouco tempo e que seriam restabelecidos. Eles foram sempre consolados pelos profetas, e seus reis continuaram reinando. Mas a segunda destruição é sem promessa de restabelecimento, sem profetas, sem reis, sem consolação, sem esperança, porque o cetro foi tirado para sempre.

Não é ter estado cativo tê-lo estado com a garantia de ser liberto dentro de setenta anos. Porém agora são cativos sem nenhuma esperança.

[§] Deus lhes prometeu que, ainda que os dispersasse para os confins do mundo, se eles se mantivessem fiéis a sua lei, ele os reuniria novamente. Eles se mantêm fiéis, e permanecem oprimidos. É preciso, então, que o Messias venha e que a lei que contém essas promessas seja substituída pelo estabelecimento de uma nova lei.

[§] Se os judeus tivessem sido todos convertidos por Jesus Cristo, teríamos apenas testemunhas suspeitas e, se eles tivessem sido exterminados, não teríamos testemunha alguma.

[§] Os judeus o rejeitam, mas não todos. Os santos o recebem; os carnais, não. E, longe de ser contra sua glória, esse é o último traço que a completa. A razão que apresentam, e a única que se encontra em todos os seus escritos, no Talmude e nos rabinos, é somente o fato de Jesus Cristo não ter dominado as nações à mão armada. Jesus Cristo foi morto, dizem eles; ele sucumbiu; não dominou os pagãos pela força; não nos deu os seus despojos; não nos deu riquezas. Não teriam nada além disso a dizer? É por isso que o considero digno de ser amado. Eu não desejaria ter aquele que eles concebem.

[§] Como é belo ver pelos olhos da fé Dario, Ciro, Alexandre, os romanos, Pompeu e Herodes agirem sem o saber para a glória do evangelho!

XVII

Contra Maomé

A religião maometana apresenta como fundamento o Alcorão e Maomé. Mas esse profeta que deveria ser a última expectativa do mundo foi predito? E que sinal mostra ele que não mostre também todo aquele que se pretende profeta? Que milagres ele mesmo alega ter feito? Que mistério ensinou segundo sua tradição? Que moral e que felicidade?

[§] Maomé é sem autoridade. Seria preciso, então, que suas razões fossem bem poderosas, tendo apenas a própria força.

[§] Se duas pessoas dizem coisas que parecem tolas, mas o discurso de uma apresenta um duplo sentido entendido por aqueles que a seguem, e se o discurso da outra apresenta um único sentido, se alguém que não conhece o segredo escuta ambas discorrerem dessa forma, fará delas um mesmo julgamento. Mas se em seguida, no resto do discurso, uma disser coisas angélicas, e a outra sempre coisas tolas e comuns, e até bobagens, o ouvinte julgará que uma falava com mistério e a outra não; tendo uma mostrado de modo suficiente que é incapaz de tais tolices e capaz de ser misteriosa, e a outra, que é incapaz de mistérios e capaz de tolices.

[§] Não é pelo que há de obscuro em Maomé e que se pode fazer passar por um sentido misterioso que desejo que ele seja julgado, mas pelo que há de claro, pelo seu paraíso e pelo resto. É nisso que ele é ridículo. O mesmo não acontece com as Escrituras. Admito que nela existem obscuridades, mas há clarezas admiráveis, e profecias manifestas cumpridas. A disputa não é, portanto, equilibrada. Não se deve confundir e igualar coisas que só se assemelham pela obscuridade e não pela clareza, que justifica, quando divina, que se reverenciem as obscuridades.

[§] O Alcorão diz que São Mateus era um homem de bem. Então Maomé era um falso profeta, ou ao chamar os maus de gente de bem, ou ao não acreditar no que disseram sobre Jesus Cristo.

[§] Todos podem fazer o que Maomé fez, pois ele não fez milagres, não foi predito, etc. Nenhum ser humano pode fazer o que fez Jesus Cristo.

[§] Maomé estabeleceu sua religião matando; Jesus Cristo, fazendo matar aos seus. Maomé proibia a leitura; Jesus Cristo ordenava a leitura. Enfim, a oposição é tanta que, se Maomé seguiu o caminho do triunfar humanamente, Jesus Cristo escolheu o de perecer humanamente. E, em vez de concluir que, como Maomé triunfou, Jesus Cristo bem que poderia triunfar, é preciso dizer que, como Maomé triunfou, o cristianismo deveria perecer, se não tivesse sido sustentado por uma força absolutamente divina.

XVIII

*Plano de Deus de se ocultar a uns
e se revelar a outros*

Deus quis redimir os seres humanos e abrir a salvação para aqueles que o buscassem. Mas os humanos se tornaram tão indignos dela que é justo que Deus recuse a alguns, por causa de seu endurecimento, o que concede a outros por uma misericórdia que não lhes é devida. Se ele tivesse desejado vencer a obstinação dos mais empedernidos, poderia tê-lo feito revelando-se tão claramente a eles que não pudessem duvidar da verdade de sua existência. E é assim que ele aparecerá no último dia, com tal esplendor radiante e tal subversão da natureza que até os mais cegos o verão.

Não foi assim que ele quis aparecer em seu advento de mansidão, porque, com tantos se tornando indignos de sua clemência, ele quis deixá-los na privação do bem que eles não desejam. Não era, portanto, justo que ele aparecesse de uma maneira evidentemente divina e absolutamente capaz de convencer todas as pessoas. Mas também não era justo que viesse de maneira tão oculta que não pudesse ser reconhecido por aqueles que o buscavam sinceramente; quis se tornar perfeitamente cognoscível por estes. Assim, querendo mostrar-se claramente àqueles que o buscam de todo o coração e velar-se àqueles que dele fogem de todo o coração, ele tempera seu conhecimento, de forma a deixar sinais de si visíveis àqueles que o buscam e obscuros àqueles que não o buscam.

[§] Há luz suficiente para aqueles que só desejam ver e obscuridade suficiente para aqueles que desejam o contrário.

Há claridade suficiente para esclarecer os eleitos e obscuridade suficiente para os humilhar.

Há obscuridade suficiente para cegar os réprobos e claridade suficiente para os condenar e os tornar indesculpáveis.

[§] Se o mundo subsistisse para instruir as pessoas sobre a existência de Deus, sua divindade reluziria ali por toda a parte de modo incontestável. Mas, como ele só subsiste por Jesus Cristo e para Jesus Cristo, e para instruir as pessoas tanto sobre sua corrupção quanto sobre a redenção, tudo nele eclode com as provas dessas duas verdades. O que nele aparece não sinaliza nem uma exclusão total, nem uma presença manifesta da divindade, mas a presença de um Deus que se oculta; tudo apresenta esse aspecto.

[§] Se nada de Deus jamais houvesse se mostrado, essa privação eterna seria ambígua e poderia se relacionar tanto à ausência de toda divindade quanto ao fato de os seres humanos serem indignos de a conhecer. Mas, como ele se mostra às vezes e não sempre, acaba a ambiguidade. Se ele se mostra uma vez, existe sempre. E, assim, só se pode concluir que há um Deus e que os seres humanos são indignos dele.

[§] O projeto de Deus é aperfeiçoar a vontade mais do que o intelecto. Ora, a clareza perfeita serviria apenas ao intelecto, e prejudicaria a vontade.

[§] Se não houvesse obscuridade, as pessoas não perceberiam sua corrupção. Se não houvesse luz, as pessoas não esperariam remédio. Assim, não apenas é justo, mas proveitoso para nós, que Deus esteja oculto em parte e descoberto em parte, pois é igualmente perigoso para o ser humano conhecer a Deus sem conhecer a própria miséria, e conhecer a própria miséria sem conhecer a Deus.

[§] Tudo instrui o ser humano a respeito de sua condição, mas é preciso entender bem, já que não é verdade que Deus se revele totalmente e não é verdade que se oculte totalmente. Porém é verdade, ao mesmo tempo, que ele se oculta àqueles que o tentam e se revela àqueles que o buscam, porque os seres humanos são, ao mesmo tempo, indignos e capazes de conhecer Deus; indignos por sua corrupção; capazes por sua primeira natureza.

[§] Não há nada sobre a terra que não mostre a miséria do ser humano ou a misericórdia de Deus, a impotência do ser humano sem Deus ou o poder do ser humano com Deus.

[§] Todo o universo ensina ao ser humano que ele é corrupto ou que é redimido. Tudo lhe ensina sua grandeza ou sua miséria. O abandono de Deus mostra-se nos pagãos, a proteção de Deus mostra-se nos judeus.

[§] Tudo resulta em bem para os eleitos, até as obscuridades das Escrituras, pois eles as honram, devido às clarezas divinas que veem. E tudo resulta em mal para os réprobos, até as clarezas, pois blasfemam contra elas, devido às obscuridades que não compreendem.

[§] Se Jesus Cristo tivesse vindo somente para santificar, todas as Escrituras e todas as coisas tenderiam para isso, e seria bem fácil convencer os infiéis. Mas, como ele veio *in sanctificationem et in scandalum*,[1] como diz Isaías, não podemos convencer a obstinação dos infiéis, mas isso não nos abala, pois dizemos que, em toda a conduta de Deus, não há convencimento dos espíritos teimosos e que não buscam sinceramente a verdade.

[§] Jesus Cristo veio para que aqueles que não viam vissem, e aqueles que viam se tornassem cegos. Veio curar os doentes e deixar morrer os sãos; chamar os pecadores à penitência e os justificar, e deixar aqueles que se criam justos em seus pecados; saciar os indigentes e deixar os ricos sem nada.

---

[1] "Ele vos será santuário; mas será pedra de tropeço" (Is 8.14).

[§] Que dizem os profetas sobre Jesus Cristo? Que ele será evidentemente Deus? Não, mas que ele é um deus verdadeiramente oculto; que será desprezado; que não acreditarão que seja ele; que será uma pedra de tropeço contra a qual muitos se chocarão, etc.

[§] Foi para tornar o Messias cognoscível aos bons e incognoscível aos maus que Deus fez com que as profecias se referissem a ele assim. Se as profecias se referissem claramente ao Messias, não teria havido obscuridade mesmo para os maus. Se o tempo fosse predito de modo obscuro, teria havido obscuridade mesmo para os bons, pois a bondade do coração dele não os teria feito entender, por exemplo, que o *Mem* significa seiscentos anos.² Mas o tempo foi predito claramente, e a maneira, em figuras.

Dessa forma, os maus, tomando os bens prometidos por bens temporais, extraviam-se apesar de o tempo ter sido predito claramente, e os bons não se extraviam, pois o entendimento dos bens prometidos depende do coração, que chama "bem" àquilo que ama; mas o entendimento do tempo prometido não depende do coração e, assim, a predição clara do tempo e obscura dos bens só engana aos maus.

[§] Como podia ele ser o Messias, se por ele o cetro devia ficar eternamente em Judá, e à sua chegada o cetro seria retirado de Judá?

Para fazer com que, vendo não vissem, e ouvindo não ouvissem, nada poderia ser mais bem feito.

[§] Em vez de vos lamentardes porque Deus se ocultou, deveis lhe dar graças por ter se revelado aos sábios e deveis

---

²*Mem*, décima terceira letra do alfabeto hebraico. Alusão ao fato de que todas as letras do alfabeto hebraico têm um valor numérico e funcionam como algarismos. O valor numérico de *mem* é seiscentos.

lhe dar graças também por não ter se revelado aos sábios nem aos soberbos, indignos de conhecer um Deus tão santo.

[§] A genealogia de Jesus Cristo no Antigo Testamento está misturada a tantas outras inúteis que é quase impossível discerni-la. Se Moisés só tivesse registrado os antepassados de Jesus Cristo, tudo teria ficado visível demais. Mas, afinal de contas, quem olhar com atenção verá a de Jesus Cristo bem delineada por Tamar, Rute, etc.

[§] As fraquezas mais aparentes são forças para aqueles que entendem bem as coisas. Por exemplo, as duas genealogias de São Mateus e de São Lucas — é evidente que isso não foi combinado.

[§] Que não nos reprovem mais, portanto, pela falta de clareza, pois nós a admitimos. Mas que se reconheça a verdade da religião na própria obscuridade da religião, no pouco de luz de que dispomos e na indiferença que temos em conhecê-la.

[§] Se houvesse apenas uma religião, Deus estaria por demais manifesto; se só houvesse mártires em nossa religião, também.

[§] Para que os maus permaneçam cegos, Jesus Cristo não diz que não é de Nazaré, nem que não é filho de José.

[§] Assim como Jesus Cristo permaneceu desconhecido entre os seres humanos, a verdade também permanece entre as opiniões comuns, sem se diferenciar no exterior. Assim também a Eucaristia entre o pão comum.

[§] Se a misericórdia de Deus é tão grande que ele nos instrui beneficamente mesmo quando se oculta, que luz não deveremos esperar quando ele se revela?

[§] Não se entende nada das obras de Deus se não se toma por princípio que ele cega uns e ilumina outros.

XIX

Que a religião dos verdadeiros cristãos e dos verdadeiros judeus é a mesma

A religião dos judeus parecia consistir essencialmente na paternidade de Abraão, na circuncisão, nos sacrifícios, nas cerimônias, na arca da aliança, no templo de Jerusalém e, enfim, na lei e na aliança de Moisés.

Afirmo que ela não consistia em nenhuma dessas coisas, mas somente no amor a Deus, e que Deus reprovava todas as outras coisas.

Que Deus não tinha consideração pelo povo carnal que veio de Abraão.

Que os judeus serão punidos por Deus como os estrangeiros, se o ofenderem. "Se vos esquecerdes de Deus e seguirdes outros deuses, predigo que perecereis da mesma maneira que as nações que Deus exterminou diante de vós" (Dt 8.19-20).

Que os estrangeiros serão recebidos por Deus como os judeus, se o amarem.

Que os verdadeiros judeus não consideravam seu mérito senão de Deus, e não de Abraão. "Sois verdadeiramente nosso Pai, e Abraão não nos conheceu, e Israel não tomou conhecimento de nós; mas sois vós que sois nosso Pai e nosso Redentor" (Is 63.16).

O próprio Moisés lhes disse que Deus não trata as pessoas de modo desigual. "Deus", ele disse, "não faz acepção de pessoas nem aceita sacrifícios" (Dt 10.17).

Afirmo que a circuncisão do coração é ordenada. "Sede circuncisos de coração; removei as superfluidades de vosso coração, e não vos deixeis endurecer mais, pois vosso Deus é um Deus grande, poderoso e terrível, que não fará acepção de pessoas" (Dt 10.16-17; Jr 4.4).

Que Deus disse que o faria um dia. "Deus circuncidará teu coração e dos teus descendentes, para que tu o ames de todo o coração" (Dt. 30.6).

Que os incircuncisos de coração serão julgados. Pois Deus julgará os incircuncisos e todo o povo de Israel, porque este "é incircunciso de coração" (Jr 9.26).

[§] Digo que a circuncisão era um sinal que havia sido estabelecido para distinguir o povo judeu de todos os outros (Gn 17.11).

E daí decorre que, estando no deserto, eles não foram circuncidados, porque não havia como confundi-los com outros povos, e que, após a vinda de Jesus Cristo, isso não é mais necessário.

Que o amor a Deus é recomendado em tudo. "Tomo como testemunhas o céu e a terra de que coloquei diante de vós a morte e a vida, para que escolhais a vida, e que ameis a Deus, e que lhe obedeçais, pois é Deus que é a vossa vida" (Dt 30.19-20).

Diz-se que os judeus, por falta desse amor, seriam condenados por seus crimes, e os pagãos eleitos em seu lugar. "Ocultar-me-ei deles diante da visão de seus últimos crimes, pois é uma nação perversa e infiel. Eles provocaram minha cólera com coisas que não são Deus, e eu provocarei seu ciúme com um povo que não é meu povo, e com uma nação sem ciência e sem inteligência" (Dt 32.20-21; Is 65).

Que os bens temporais são falsos e que o verdadeiro bem é estar unido a Deus (Sl 72).

Que suas festas desagradam a Deus (Am 5.21).

Que os sacrifícios dos judeus desagradam a Deus, e não apenas dos maus judeus, mas que mesmo os dos bons não o agradam, como se pode ler no Salmo 50, onde, antes de dirigir seu discurso aos maus com estas palavras, *Peccatori autem dixit Deus*,[1] ele diz que não quer sacrifícios de animais, nem de seu sangue (Sl 50.16-17).

Que os sacrifícios dos pagãos serão recebidos por Deus (Ml 1.11) e que os sacrifícios dos judeus deixarão de agradar a Deus (1Rs 15.22; Os 6.6).

Que Deus fará uma nova aliança pelo Messias e que a antiga será rejeitada (Jr 31.31).

Que as coisas antigas serão esquecidas (Is 43.18-19).

Que ninguém se lembrará mais da arca da aliança (Jr 3.16).

Que o templo seria rejeitado (Jr 7.12-14).

Que os sacrifícios seriam rejeitados e outros sacrifícios puros estabelecidos (Ml 1.10-11).

Que a ordem sacrificial de Arão será reprovada e a de Melquisedeque introduzida pelo Messias (Sl 110).

Que essa ordem sacrificial seria eterna (Sl 10.4).

Que Jerusalém seria reprovada e um novo nome dado (Is 65.15).

Que esse último nome seria melhor do que o de judeus, e eterno (Is 56.5).

Que os judeus ficariam sem profetas, sem reis, sem príncipes, sem sacrifícios, sem altar (Os 3. 4).

Que os judeus subsistiriam sempre, no entanto, como povo (Jr 31.36).

---

[1] "Ao ímpio diz Deus" (Sl 50.16).

XX

*Só se conhece a Deus
proveitosamente por meio de
Jesus Cristo*

A maior parte daqueles que se dedicam a provar a divindade aos ímpios começa geralmente pelas obras da natureza, e raramente obtém sucesso. Não ataco a solidez dessas provas consagradas pelas Santas Escrituras: elas são conformes à razão, mas frequentemente não são suficientemente conformes nem ajustadas à mentalidade daqueles aos quais se destinam.

Pois é preciso observar que esse discurso não se dirige àqueles que possuem a fé viva no coração e que veem imediatamente que tudo o que existe nada mais é do que a obra do Deus que adoram. Para esses, toda a natureza fala por meio de seu autor, e o céu anuncia a glória de Deus. Mas para aqueles em quem essa luz está apagada, e nos quais se planeja fazê-la reviver; para aquelas pessoas destituídas de fé e de caridade, que encontram apenas trevas e obscuridade em toda a natureza, parece que o meio de as resgatar não é fornecer como provas desse grande e importante tema o curso da lua ou dos planetas, ou raciocínios comuns, contra os quais já se insurgiram várias vezes. O endurecimento de seu espírito os tornou surdos a essa voz da natureza, que ressoava continuamente em seus ouvidos, e a experiência mostra que, bem longe de arrebatá-los por esse meio, nada é mais capaz, ao contrário, de os afastar e de lhes tirar a esperança de encontrar a verdade do que tentar convencê-los somente por esse tipo de raciocínio e lhes dizer que eles devem ver neles a verdade desvelada.

Não é assim que as Escrituras, que conhecem melhor do que nós as coisas que são de Deus, falam desse assunto. Elas nos dizem acertadamente que a beleza das criaturas faz conhecer aquele que é seu autor, mas não nos dizem que isso tenha efeito sobre todo o mundo. Elas nos advertem, ao contrário, que, quando a beleza das criaturas faz isso, não é por elas mesmas, mas pela luz que Deus derrama ao mesmo tempo no espírito daqueles a quem ele se revela por esse meio. *Quod notum est Dei, manifestatum est in illis, Deus enim illis manifestavit.*[1] Elas nos dizem, geralmente, que Deus é um Deus oculto, *Vere tu es Deus absconditus*,[2] e que, após a corrupção da natureza, abandonou os seres humanos em uma cegueira da qual não podem sair a não ser por meio de Jesus Cristo, fora do qual toda comunicação com Deus nos é vedada. *Nemo novit patrem nisi filius, aut cui volueri filius revelare.*[3]

É o que as Escrituras assinalam quando nos dizem, em tantas passagens, que aqueles que buscam a Deus o encontram, pois não se fala assim de uma luz clara e evidente, já que esta não é preciso buscar, ela mesma se revela e se faz ver por si mesma.

[§] As provas metafísicas de Deus são tão distantes do raciocínio humano e tão emaranhadas que causam pouca impressão. Embora possam servir a alguns, seria apenas no instante em que veem a demonstração. Uma hora depois, no entanto, passam a temer ter sido enganados. *Quod curiositate cognoverunt, superbia amiserunt.*[4]

---

[1] "O que de Deus se pode conhecer é manifesto entre eles, porque Deus lhes manifestou" (Rm 1.19).
[2] "Verdadeiramente, tu és um Deus oculto" (Is 45.15).
[3] "Ninguém conhece o Pai, senão o Filho e aquele a quem o Filho o quiser revelar" (Mt 11.27).
[4] "O orgulho os fez perder o que a curiosidade os fez descobrir" (Agostinho, Sermão 141).

Além disso, esse tipo de prova só nos conduz a um conhecimento especulativo de Deus, e conhecê-lo apenas dessa forma é não o conhecer.

O Deus dos cristãos não consiste em um Deus simplesmente autor de verdades geométricas e da ordem dos elementos; essa é a parte dos pagãos. Não consiste simplesmente em um Deus que exerce sua providência sobre a vida e sobre os bens dos humanos a fim de dar uma sequência de anos felizes àqueles que o adoram; esse é o quinhão dos judeus. Mas o Deus de Abraão e de Jacó, o Deus dos cristãos, é um Deus de amor e de consolação. É um Deus que preenche a alma e o coração daqueles a quem possui; é um Deus que faz com que sintam interiormente a própria miséria e sua misericórdia infinita; que se une ao fundo da alma deles, que a enche de humildade, de alegria, de confiança, de amor; que os torna incapazes de outro fim que não ele próprio.

O Deus dos cristãos é um Deus que faz sentir à alma que ele é seu único bem, que todo o seu repouso está nele e que ela não terá alegria senão ao amá-lo, e que a faz ao mesmo tempo odiar os obstáculos que a retêm e a impedem de amá-lo com todas as forças. O amor-próprio e a concupiscência que a impedem lhe são insuportáveis. E Deus lhe mostra que ela tem esse fundo de amor-próprio, e que apenas ele a pode curar.

Eis o que é conhecer Deus como cristão. No entanto, para conhecê-lo dessa maneira, é preciso conhecer ao mesmo tempo nossa própria miséria e indignidade, assim como a necessidade que temos de um mediador para nos reaproximarmos de Deus e para nos unirmos a ele. Esses conhecimentos não devem ser separados, porque, estando separados, são não apenas inúteis, como prejudiciais. O conhecimento de Deus sem o de nossa miséria cria o orgulho. O conhecimento de nossa miséria sem o de Jesus Cristo cria o desespero. Mas o conhecimento de Jesus Cristo nos isenta tanto do orgulho quanto do desespero, porque nele encontramos Deus, nossa miséria e o caminho único para curá-la.

Podemos conhecer a Deus sem conhecer nossas misérias, ou conhecer nossas misérias sem conhecer a Deus, ou mesmo conhecer a Deus e nossas misérias sem conhecer o meio de nos livrarmos das misérias que nos afligem. Mas não podemos conhecer Jesus Cristo sem conhecer ao mesmo tempo tudo isso: Deus, nossas misérias e o remédio para nossas misérias, porque Jesus Cristo não é simplesmente Deus, mas é um Deus reparador de nossas misérias.

Assim todos os que buscam a Deus sem Jesus Cristo não encontram nenhuma luz que os satisfaça, ou que lhes seja verdadeiramente proveitosa. Pois ou não chegam a saber que há um Deus ou, se chegam, isso lhes é inútil, porque se forma um meio de comunicação sem mediador com esse Deus que eles conheceram sem mediador. Desse modo, caem no ateísmo ou no deísmo, que são duas coisas que a religião cristã abomina quase igualmente.

É preciso, então, buscar unicamente conhecer Jesus Cristo, pois é apenas por ele que podemos pretender conhecer a Deus de uma maneira que nos seja proveitosa.

É ele que é o verdadeiro Deus dos humanos, ou seja, dos miseráveis e dos pecadores. Ele é o centro de tudo e a finalidade de tudo, e quem não o conhece não conhece nada da ordem do mundo, nem de si mesmo. Pois, além de só conhecemos a Deus por Jesus Cristo, só conhecemos a nós mesmos por Jesus Cristo.

Sem Jesus Cristo o ser humano permanecerá necessariamente no vício e na miséria; com Jesus Cristo o ser humano fica livre do vício e da miséria. Nele está toda a nossa felicidade, nossa virtude, nossa vida, nossa luz, nossa esperança, e fora dele há apenas vício, miséria, trevas, desespero e vemos somente obscuridade e confusão na natureza de Deus e em nossa própria natureza.

XXI

Contradições espantosas que se encontram na natureza do ser humano em relação à verdade, à felicidade e a várias outras coisas

Nada é mais estranho na natureza do ser humano do que as contradições que nela descobrimos em relação a tudo. Ele foi criado para conhecer a verdade; deseja-a ardentemente, procura-a e, no entanto, quando tenta agarrá-la, deslumbra-se e se confunde de tal modo que abre uma brecha para a dúvida sobre se realmente a possui. Foi o que deu origem às duas seitas dos pirrônicos e dos dogmáticos, os primeiros querendo arrebatar ao ser humano todo o conhecimento da verdade, e os segundos tentando assegurá-lo a ele, mas cada um com razões tão pouco verossímeis que aumentam a confusão e a incerteza do ser humano, quando este não possui outra luz além da que encontra em sua natureza.

As principais razões dos pirrônicos são que não temos nenhuma certeza da verdade dos princípios, fora da fé e da revelação, além do fato de que os sentimos naturalmente em nós. Ora, dizem eles, esse sentimento natural não é uma prova convincente de sua verdade, já que, não tendo certeza, fora da fé, se o ser humano foi criado por um Deus bom ou por um demônio mau, se existiu desde sempre ou se foi criado por acaso, ele fica em dúvida se esses princípios nos foram dados, se são verdadeiros ou falsos, ou incertos conforme nossa origem. Além do mais, ninguém tem certeza, fora da fé, se está acordado ou dormindo, pois, durante o sono, acreditamos tão firmemente estar acordados como quando o estamos de fato. Acreditamos ver os espaços, as figuras, os movimentos; sentimos o tempo passar, medimo-lo e, enfim, agimos da mesma forma que quando estamos acordados. De modo que, passando a metade da vida no sono, por nossa própria confissão, onde, independentemente do que nos pareça, não temos nenhuma ideia da verdade, todos os nossos sentimentos sendo então ilusões, quem sabe se essa outra metade da vida em que pensamos velar não é um sono um pouco diferente do primeiro, do qual despertamos quando pensamos dormir, como quando frequentemente sonhamos que sonhamos, empilhando sonhos sobre sonhos?

Deixo de lado os discursos dos pirrônicos contra as impressões do hábito, da educação, dos costumes, dos países e outros semelhantes, que influenciam a maior parte das pessoas que só dogmatizam sobre esses fundamentos vãos.

O único ponto forte dos dogmáticos é que, falando de boa-fé e sinceramente, não se pode duvidar dos princípios naturais. Conhecemos a verdade, dizem eles, não apenas por raciocínio, mas também pelo sentimento e por uma inteligência viva e luminosa, e é dessa última forma que conhecemos os primeiros princípios. É em vão que o raciocínio, que deles não participa, tenta combatê-los. Os pirrônicos, que só têm isso como finalidade, esforçam-se inutilmente para isso. Sabemos que não estamos sonhando, por mais que não consigamos prová-lo pela razão. Essa incapacidade não leva a nenhuma outra conclusão além da fraqueza de nossa razão, mas não à incerteza de todos os nossos conhecimentos, como eles pretendem. Pois o conhecimento dos primeiros princípios, como, por exemplo, que existe o espaço, tempo, movimento, números, matéria, é tão firme quanto qualquer daqueles que nossos raciocínios nos dão. E é sobre esses conhecimentos da inteligência e do sentimento que é preciso que a razão se apoie e fundamente todo o seu discurso. Sinto que há três dimensões no espaço, e que os números são infinitos, e a razão demonstra, em seguida, que não há dois números quadrados dos quais um seja o dobro do outro. Os princípios se sentem; as proposições se concluem; e tudo com certeza, ainda que por vias diferentes. E é tão ridículo que a razão exija ao sentimento e à inteligência provas desses primeiros princípios para concordar com eles quanto seria ridículo que a inteligência exigisse à razão um sentimento de todas as proposições que ela demonstra. Essa incapacidade só pode, portanto, servir para humilhar a razão, que gostaria de poder tudo julgar, mas não para combater nossa certeza, como se apenas a razão fosse capaz de nos ensinar. Prouvera a Deus, pelo contrário, que jamais tivéssemos necessidade dela e que conhecêssemos tudo por instinto e por sentimento. Mas a natureza nos recusou esse bem e nos deu apenas uns poucos conhecimentos desse tipo. Todos os outros só podem ser adquiridos pelo raciocínio.

Eis, então, a guerra aberta entre os seres humanos. É preciso que cada um tome partido e se alinhe necessariamente ao lado do dogmatismo ou do pirronismo, pois quem pensar em permanecer neutro será pirrônico por excelência. Essa neutralidade é a essência do pirronismo: quem não é contra eles é absolutamente por eles. O que fará, então, o ser humano nesse estado? Duvidará de tudo? Duvidará de que está acordado, de que o beliscam, de que o queimam? Duvidará de que existe? Não se pode chegar a esse ponto; argumento que nunca existiu um pirrônico real e perfeito. A natureza ampara a razão impotente e a impede de extraviar-se até esse ponto. Dirá ele, ao contrário, que detém certamente a verdade, ele que, se pressionado ainda que levemente, não consegue nos mostrar nenhuma razão para isso e é forçado a desistir?

Quem irá desenredar essa confusão? A natureza confunde os pirrônicos, e a razão confunde os dogmáticos. Quem vos tornareis então, ó humanos, que buscais vossa verdadeira condição por meio de vossa razão natural? Não podeis escapar de uma dessas seitas, nem subsistir dentro de nenhuma delas.

Eis o que é o ser humano em relação à verdade. Consideremo-lo agora com relação à felicidade que ele busca com tanto ardor em todas as suas ações. Porque todas as pessoas desejam ser felizes; não há exceção. Por mais diferentes que sejam os meios que empregam para isso, todos tendem a esse fim. O que faz com que um vá à guerra e o outro não é esse mesmo desejo que está em ambos, acompanhado de diferentes visões. A vontade nunca dá o menor passo a não ser em direção a esse objetivo. É o motivo de todas as ações de todos, até daqueles que se matam e que se enforcam.

E, no entanto, há tantos e tantos anos, jamais alguém sem fé chegou a esse ponto que todos miram o tempo todo. Todos se lamentam: príncipes, súditos; nobres, plebeus; idosos, jovens; fortes, fracos; eruditos, ignorantes; sãos, doentes; de todos os países, de todos os tempos, de todas as idades e de todas as condições.

Uma prova tão longa, tão contínua e tão uniforme deveria nos convencer da nossa incapacidade de alcançar o bem por nossos próprios esforços. Mas o exemplo não nos ensina. Ele nunca é tão perfeitamente semelhante que não haja alguma leve diferença, e é por isso que esperamos que nossa esperança não seja frustrada nessa ocasião como na outra. Assim o presente não nos satisfaz jamais; a esperança nos engana e, de infelicidade em infelicidade, nos leva até à morte, que é seu ápice eterno.

É estranho que não haja nada na natureza que seja capaz de tomar o lugar do fim e da felicidade do ser humano: seres, elementos, plantas, animais, insetos, doenças, guerra, vícios, crimes, etc. O ser humano, tendo decaído de seu estado natural, não há nada que não o atraia. Desde que perdeu o verdadeiro bem, tudo pode lhe parecer esse bem, até a sua própria destruição, por mais contrária que seja ela à razão e à natureza como um todo.

Uns procuraram a felicidade na autoridade, outros nas curiosidades e nas ciências, outros nas volúpias. Essas três concupiscências originaram três seitas, e aqueles que são chamados de filósofos nada fizeram realmente além de seguir uma das três. Aqueles que mais se aproximaram dele consideraram necessário que o bem universal que todos desejam, e que todos devem partilhar, não esteja em nenhuma das coisas particulares que só podem ser possuídas por uma única pessoa e que, sendo partilhadas, afligem mais seu possuidor pela falta da parte que não possui do que o contentam por desfrutar daquela que lhe pertence. Compreenderam que o verdadeiro bem deveria ser tal que todos o pudessem possuir ao mesmo tempo, sem diminuição e sem inveja, e que ninguém pudesse perdê-lo contra a vontade. Compreenderam, mas não conseguiram encontrá-lo e, em vez de um bem sólido e real, abraçaram apenas a imagem vazia de uma virtude fantástica.

Nosso instinto nos faz sentir que é preciso procurar a felicidade dentro de nós. Nossas paixões nos impelem para fora, ainda que não haja objetos para as excitar. Os objetos exteriores nos tentam por eles mesmos e nos atraem, mesmo que não pensemos neles. Assim, por mais que os filósofos digam "entrai em vós mesmos, ali encontrareis vosso bem", não acreditamos neles, e aqueles que acreditam são os mais vazios e mais tolos. Pois o que há de mais ridículo e vão do que o que propõem os estoicos, e de mais falso do que todos os seus raciocínios?

Eles concluem que se pode sempre o que se pode às vezes, e que, como o desejo de glória leva aqueles que o possuem a fazer algo, os outros também o poderão fazer. São impulsos febris que a saúde não pode imitar.

[§] A guerra interior da razão contra as paixões fez com que aqueles que queriam a paz se dividissem em duas seitas. Uns quiseram renunciar às paixões e tornar-se deuses. Outros quiseram renunciar à razão e tornar-se animais. Mas nem uns nem outros conseguiram, e a razão persiste, sempre acusando a baixeza e a injustiça das paixões, e perturbando o repouso daqueles que a elas se abandonam; e as paixões estão sempre vivas até naqueles que a ela desejam renunciar.

Eis o que pode o ser humano por si mesmo e por seus próprios esforços em relação ao verdadeiro e ao bem. Temos uma incapacidade de provar que nenhum dogmatismo consegue vencer. Temos uma ideia da verdade que nenhum pirronismo consegue vencer. Desejamos a verdade e só encontramos incerteza em nós. Procuramos a felicidade e só encontramos a miséria. Somos incapazes tanto de certeza quanto de felicidade. Esse desejo nos é deixado tanto para nos punir quanto para nos fazer sentir de onde caímos.

[§] Se o ser humano não é feito para Deus, por que só é feliz em Deus? Se é feito para Deus, por que é tão contrário a Deus?

[§] O ser humano não sabe em que posição se colocar. Está visivelmente perdido, e sente em si os restos de um estado feliz do qual decaiu e que não consegue reencontrar. Procura em todos os lugares com inquietude e sem sucesso nas trevas impenetráveis.

Eis a origem do combate entre os filósofos, no qual alguns assumiram a tarefa de elevar o ser humano revelando suas grandezas, enquanto outros, de rebaixá-lo apresentando suas misérias. O mais estranho é que cada grupo se serve das razões do outro para estabelecer sua opinião. Pois a miséria do ser humano pode ser inferida a partir de sua grandeza e sua grandeza pode ser inferida a partir de sua miséria. Assim, alguns enfatizaram tanto a miséria que a tomaram como prova da grandeza; e outros enfatizaram a grandeza a tal ponto que a inferiram a partir da própria miséria. Tudo o que alguns puderam dizer para ressaltar a grandeza só serviu como argumento para os outros, para inferir a miséria; porque se é ainda mais miserável quando se caiu de mais alto; e vice-versa. Eles se elevaram uns sobre os outros em um círculo sem fim, pois é certo que, quanto mais o ser humano se ilumina, mais miséria e grandeza encontram também. Em uma palavra, o ser humano sabe que é miserável. Ele é, portanto, miserável, pois sabe disso, mas é grande, pois sabe que é miserável.

Que espécie de quimera é então o ser humano? Que novidade, que caos, que motivo de contradição? Juiz de todas as coisas, verme imbecil; depositário da verdade, monte de incertezas; glória e escória do universo. Se ele se exalta, eu o humilho; se ele se humilha, eu o exalto, e o contradigo sempre, até que ele compreenda que é um monstro incompreensível.

XXII

Conhecimento geral do ser humano

A primeira coisa que se oferece ao olhar do ser humano é seu corpo, isto é, uma certa porção de matéria que lhe é própria. Mas, para compreender o que é essa porção, é preciso que ele a compare com tudo o que está acima dele e tudo o que está abaixo, a fim de reconhecer seus limites precisos.

Que ele não se limite, portanto, a olhar simplesmente para os objetos que o cercam. Que contemple a natureza em sua alta e plena majestade. Que considere essa luz fulgurante, colocada como uma lâmpada eterna para iluminar o universo. Que a Terra lhe pareça como um ponto em comparação com a vasta órbita que esse astro descreve. E que se maravilhe ao notar que essa vasta órbita ela mesma não passa de um ponto insignificante em relação à que traçam os astros que giram no firmamento. Mas se nossa visão se detém aí, que a imaginação vá além. Mais depressa ela se cansará de conceber do que a natureza de fornecer. Tudo o que vemos do mundo não é senão um traço imperceptível no amplo seio da natureza. Nenhuma ideia se aproxima de sua extensão. Por mais que ampliemos nossas concepções, só concebemos átomos em comparação com a realidade das coisas. É uma esfera infinita, cujo centro está em toda parte, a circunferência em nenhum lugar. Enfim, é uma das maiores características sensíveis de todo o poder de Deus que nossa imaginação se perca nesse pensamento.

Que o ser humano, tendo voltado novamente a si, considere o que ele é em comparação com o que existe. Que se veja como perdido neste canto afastado da natureza. E que, deste pequeno calabouço onde se encontra alojado, ou seja, este mundo visível, aprenda a estimar o justo valor da Terra, dos reinos, das cidades e de si mesmo.

O que é um ser humano, comparado ao infinito? Quem o pode compreender? Mas, para lhe apresentar um outro prodígio igualmente espantoso, que ele volte sua busca às coisas mais delicadas que conhece. Que um ácaro, por exemplo, lhe mostre na pequenez de seu corpo partes incomparavelmente menores, pernas com articulações, veias nessas pernas, sangue nessas veias, humores nesse sangue, gotas nesses humores, vapores nessas gotas. Dividindo-se essas últimas coisas, o ser humano esgota suas forças e capacidade de concepção, e o último objeto ao qual consegue chegar seja então o de nosso discurso. Ele pensará, talvez, que aí está a pequenez extrema da natureza. Gostaria de lhe descrever não apenas o universo visível, mas também tudo o que ele é capaz de conceber da imensidão da natureza, dentro dos limites desse átomo minúsculo. Aí existe uma infinidade de mundos, cada um com seu firmamento, seus planetas, sua terra, em iguais proporções às do mundo visível; nessa terra há animais e, enfim, ácaros, nos quais reencontrará o que observou nos primeiros, encontrando ainda em outros a mesma coisa, sem fim e sem repouso. Ele se perde nessas maravilhas tão espantosas por sua pequenez quanto as outras por sua extensão. Pois quem não se admirará de que nosso corpo, que ainda há pouco não era perceptível no universo, ele próprio imperceptível no seio do todo, seja agora um colosso, um mundo, ou melhor, um universo em comparação com a extrema pequenez a que não se consegue chegar?

Quem assim refletir se assustará, sem dúvida, de se ver como que suspenso na massa que a natureza lhe deu entre esses dois abismos do infinito e do nada, do qual ele está igualmente distanciado. Estremecerá diante da visão dessas maravilhas, e creio que, sua curiosidade se transformando em admiração, preferirá contemplá-las em silêncio a investigá-las com presunção.

Pois, enfim, o que é o ser humano na natureza? Nada em relação ao infinito, tudo em relação ao nada, um ponto intermediário entre nada e tudo. Ele está infinitamente distanciado dos dois extremos, e seu ser não é menos distante do nada de onde saiu do que do infinito em que está mergulhado.

Sua inteligência ocupa na ordem das coisas inteligíveis a mesma posição que seu corpo na extensão da natureza, e tudo o que ela pode fazer é perceber alguma aparência no meio das coisas, em um desespero eterno de conhecer quer seu princípio, quer seu fim. Todas as coisas saíram do nada e foram levadas até o infinito. Quem consegue seguir esses caminhos assombrosos? O autor dessas maravilhas os compreende; ninguém mais pode compreendê-los.

Esse estado que ocupa o ponto intermediário entre os extremos é comum a todas as nossas faculdades.

Nossos sentidos não percebem nada que seja extremo. Um ruído excessivo nos ensurdece; luz em excesso nos ofusca; demasiada distância e demasiada proximidade impedem a visão; demasiada extensão e demasiada brevidade tornam um discurso obscuro; demasiado prazer incomoda; demasiadas consonâncias desagradam. Não sentimos nem o calor extremo, nem o frio extremo. As qualidades excessivas são nossas inimigas e não são perceptíveis. Não as sentimos, sofremo-las. Demasiada juventude e demasiada velhice estorvam o intelecto; alimento em demasia ou insuficiente perturbam-lhe as ações; instrução em demasia ou insuficiente o emburrecem. As coisas extremas são para nós como se não existissem e nós não existimos em relação a elas. Elas nos escapam, ou nós a elas.

Eis nosso estado verdadeiro. É o que encerra nossos conhecimentos em certos limites que não conseguimos ultrapassar; incapazes de saber tudo e de ignorar tudo de modo absoluto. Vagamos em um vasto meio-termo, sempre incertos e flutuando entre a ignorância e o conhecimento, e se pensamos em avançar além dele, nosso objeto oscila e nos escapa; ele se esquiva e segue em uma fuga eterna: nada o pode deter. Essa é nossa condição natural e, no entanto, é aquela mais contrária à nossa inclinação. Ardemos de desejo de nos aprofundar em tudo e de construir uma torre que se eleve até o infinito. Mas toda a nossa construção desmorona e a terra se abre até o abismo.

XXIII

Grandeza do ser humano

Posso facilmente conceber uma pessoa sem mãos, sem pés e a conceberia até mesmo sem cabeça, se a experiência não me tivesse ensinado que é com a cabeça que se pensa. É, portanto, o pensamento que constitui a essência do ser humano, e sem ele não se pode concebê-lo.

[§] O que é que sente prazer em nós? Seria a mão? Seria o braço? Seria a carne? Seria o sangue? Ver-se-á que é necessário que seja algo imaterial.

[§] O ser humano é tão grande que sua grandeza aparece até no fato de que ele sabe que é miserável. Uma árvore não sabe que é miserável. É verdade que é ser miserável saber-se miserável, mas é também ser grande saber-se miserável. Assim todas as misérias provam sua grandeza. São misérias de grande senhor, misérias de um rei destronado.

[§] Quem se julga infeliz por não ser rei, senão um rei destronado? Paulo Emílio era considerado infeliz por não ser mais cônsul? Ao contrário, todos achavam que ele era feliz por tê-lo sido, porque sua condição não era sê-lo para sempre. Mas Perseu era considerado muito infeliz por não ser mais rei; como sua condição era de o ser para sempre, achava-se estranho que ele conseguisse suportar a vida.

Quem se acha infeliz por ter apenas uma boca? E quem não se acha infeliz por ter apenas um olho? Talvez jamais alguém tenha se afligido por não ter três olhos, mas fica-se inconsolável por ter somente um.

[§] Temos uma ideia tão elevada da alma humana que não podemos tolerar sermos desprezados e não contarmos com a estima de uma alma, e toda a felicidade das pessoas consiste nessa estima.

Se, de um lado, essa falsa glória que as pessoas buscam é um forte sinal de sua miséria e de sua inferioridade, é também um sinal de sua excelência. Porque, por mais posses que tenham sobre a terra, por mais saúde e comodidade essencial de que desfrutem, elas não se satisfazem se não possuem a estima de outras pessoas. Consideram tão importante o julgamento das pessoas que, por mais vantagens que tenham no mundo, julgam-se infelizes se não estão bem situadas no julgamento das pessoas. É a melhor posição que pode ser alcançada no mundo: nada nos desvia desse desejo, e é a característica mais indelével do coração humano. Até aqueles que mais desprezam os seres humanos e que os equiparam aos animais desejam ser admirados e se contradizem a si mesmos por seu próprio sentimento. Sua natureza, que é mais forte que toda a sua razão, os convence mais fortemente da grandeza do ser humano do que a razão os convence de sua inferioridade.

[§] O ser humano não passa de um caniço, o mais fraco da natureza, mas é um caniço pensante. Não é preciso que o universo inteiro se arme para esmagá-lo. Um sopro, uma gota d'água basta para matá-lo. Mas, ainda que o universo o esmagasse, o ser humano ainda seria mais nobre do que o que o mata, porque sabe que morre e a vantagem que o universo tem sobre ele. O universo não sabe nada disso.

Assim, toda a nossa dignidade consiste no pensamento. É a partir dele que precisamos nos elevar, não a partir do espaço e da duração. Esforcemo-nos, então, para bem pensar. Esse é o princípio da moral.

[§] É perigoso mostrar muito claramente ao ser humano o quanto ele é igual aos animais sem lhe mostrar sua grandeza. É também perigoso lhe mostrar sua grandeza sem lhe mostrar também sua inferioridade. É ainda mais perigoso deixá-lo ignorar uma e outra. Mas é muito proveitoso representar-lhe ambas.

[§] Que o ser humano avalie seu valor. Que se ame, pois tem em si uma natureza capaz do bem, mas que não ame por isso as baixezas que nela se encontram. Que se despreze, porque essa capacidade é vazia, mas que não despreze por isso essa capacidade natural. Que se odeie, que se ame: ele tem em si a capacidade de conhecer a verdade e de ser feliz, mas não tem a verdade, nem constante, nem satisfatória. Gostaria, assim, de levar o ser humano a desejar encontrá-la, a estar pronto e livre de paixões para a seguir onde quer que a encontre, e sabendo o quanto seu conhecimento ficou obscurecido pelas paixões. Desejaria que ele odiasse em si a concupiscência que o determina por si mesma, para que ela não o cegasse ao fazer sua escolha e não o detivesse quando houvesse escolhido.

XXIV

Vaidade do ser humano

Não nos contentamos com a vida que temos em nós e em nosso próprio ser: desejamos viver uma vida imaginária na ideia dos outros e nos esforçamos para manter as aparências. Trabalhamos incessantemente para embelezar e conservar esse ser imaginário e negligenciamos o verdadeiro. E se temos tranquilidade, generosidade ou fidelidade, apressamo-nos em divulgá-las, a fim de associarmos essas virtudes a esse ser imaginário: de bom grado as arrancaríamos de nós para juntá-las a ele e seríamos com muito gosto covardes para adquirir a reputação de sermos valentes. Grande marca do vazio de nosso próprio ser, não nos satisfazermos com um sem o outro, e renunciar muitas vezes a um pelo outro! Pois quem não morresse para conservar sua honra seria infame.

[§] O encanto da glória é tão grande que, seja o que for o objeto a que a liguemos, mesmo a morte, nós o amamos.

[§] O orgulho contrabalança todas as nossas misérias. Pois ou as esconde ou, se as revela, vangloria-se de as conhecer.

[§] O orgulho nos controla com um domínio tão natural em meio a nossas misérias e nossos erros que perdemos até a vida com alegria, desde que as pessoas falem disso.

[§] A vaidade está tão enraizada no coração humano que um soldado, um ajudante de cozinha, um carregador se gaba e quer ter admiradores. E os próprios filósofos desejam o mesmo. Aqueles que escrevem contra a glória desejam a glória de ter escrito bem, e aqueles que os leem, querem a glória de tê-los lido, e eu que estou escrevendo isto talvez tenha esse desejo, e talvez meus leitores o terão também.

[§] Apesar da visão de todas as misérias que nos atingem e que nos sufocam, temos um instinto que não podemos reprimir e que nos eleva.

[§] Somos tão presunçosos que gostaríamos de ser conhecidos por toda a terra, e até pelas pessoas que virão quando já não existirmos. E somos tão fúteis que a estima de cinco ou seis pessoas que nos cercam nos diverte e nos contenta.

[§] A coisa mais importante na vida é a escolha da profissão. O acaso a decide. O costume faz os pedreiros, os soldados, os telhadores. "É um telhador excelente", dizem. E, falando dos soldados, "são muito loucos". E os outros, ao contrário: "Não há nada de importante a não ser a guerra, o resto das pessoas são malandros". De tanto ouvir louvar na infância essas profissões e desprezar todas as outras, fazemos nossa escolha, pois, naturalmente, amamos a virtude e odiamos a loucura. Essas palavras nos comovem; pecamos apenas na aplicação, e a força do costume é tão grande que em certas regiões todos são pedreiros, em outras, todos são soldados. Sem dúvida a natureza não é tão uniforme. É, portanto, o costume que faz isso e que constrange a natureza. Mas de vez em quando a natureza prevalece e faz com que a pessoa mantenha seu instinto, apesar de todos os costumes, sejam bons ou maus.

[§] A curiosidade não passa de vaidade. Geralmente só queremos saber para falar sobre o assunto. Ninguém viajaria pelo mar só pelo prazer de ver, sem a esperança de jamais conversar com outra pessoa sobre o que viu.

[§] Não nos importamos em ser estimados nas cidades por onde meramente passamos, mas, quando precisamos permanecer na cidade por algum tempo, então nos importamos. Quanto tempo é necessário? Um tempo proporcional à nossa duração vã e frágil.

[§] Pouca coisa nos consola, porque pouca coisa nos aflige.

[§] Nunca permanecemos no presente. Antecipamos o futuro julgando-o lento demais a chegar e tentando apressá-lo, ou nos lembramos do passado para o deter, julgando-o rápido demais. Tão imprudentes que vagamos em tempos que não são nossos e não pensamos no único que nos pertence, e tão fúteis que pensamos naqueles que nada são e deixamos escapar sem reflexão o único que existe. É que o presente geralmente nos fere. Nós o ocultamos à nossa visão, porque ele nos aflige e, se ele nos é agradável, nos lamentamos por vê-lo escapar. Esforçamo-nos para ampará-lo com o futuro e pensamos em organizar coisas que não estão em nosso poder para um tempo ao qual não temos nenhuma certeza de que chegaremos.

Que cada um examine seu pensamento. Encontrá-lo-á sempre ocupado com o passado e o futuro. Quase não pensamos no presente e, quando pensamos, é só para ali recolher as luzes para organizar o futuro. O presente nunca é nosso fim. O passado e o presente são nossos meios; apenas o futuro é nosso objetivo. Assim não vivemos nunca, mas esperamos viver e, dispondo-nos sempre a ser felizes, não há dúvida de que nunca o seremos, se aspiramos somente a uma outra bem-aventurança além daquela de que podemos desfrutar nesta vida.

[§] Nossa imaginação amplia muito o tempo presente por fazer reflexões contínuas sobre ele, e reduz a eternidade, pelo fato de não refletir sobre ela, a tal ponto que transformamos a eternidade em nada, e o nada em uma eternidade. E tudo isso tem raízes tão vivas em nós que nem toda a nossa razão pode nos defender.

[§] Cromwell destruiria toda a cristandade; a família real estaria perdida e a sua seria poderosa para sempre se não fosse um pequeno grão de areia que se introduziu em sua uretra. Até Roma tremeria sob ele. Mas essa pedrinha, que não era nada fora dali, introduziu-se naquele local e o levou à morte, levando sua família ao declínio e ao restabelecimento do rei.

XXV

Fraqueza do ser humano

O que mais me espanta é ver que nem todos se espantam com sua própria fraqueza. Agem seriamente, e cada um segue sua condição, não porque seja bom de fato segui-la, porque essa é a moda, mas como se cada um soubesse com certeza onde está a razão e a justiça. Decepcionamo-nos a toda hora e, por uma humildade engraçada, acreditamos que a culpa seja nossa e não da arte que sempre nos gabamos de ter. É bom que haja muitas dessas pessoas no mundo, para mostrar que o ser humano é bem capaz das mais extravagantes opiniões, pois é capaz de crer que não está nessa fraqueza natural e inevitável, e que está, ao contrário, na sabedoria natural.

[§] A fraqueza da razão humana aparece mais claramente naqueles que não a conhecem do que naqueles que a conhecem.

[§] Quando se é demasiadamente jovem, não se julga bem. Quando se é demasiadamente velho, também não. Quando não pensamos muito em algo ou quando pensamos demais, tornamo-nos obstinados e não conseguimos encontrar a verdade.

Se examinamos nossa obra logo depois de tê-la concluído, ainda não conseguimos avaliá-la imparcialmente. Se examinamos muito tempo depois, não conseguimos penetrá-la.

Há apenas um ponto indivisível que é o lugar certo para se ver os quadros. Os outros estão perto demais, longe demais, alto demais, baixo demais. A perspectiva determina esse ponto na arte da pintura. Mas na verdade e na moral, quem o determinará?

[§] Essa mestra do erro que chamamos fantasia e opinião é tanto mais ardilosa pelo fato de não sê-lo sempre. Pois ela seria regra infalível da verdade se fosse regra infalível da mentira. Porém, sendo mais frequentemente falsa, não mostra nenhum indício de seu caráter, dando o mesmo cunho ao verdadeiro e ao falso.

Esse poder magnífico, inimigo da razão, que se compraz em controlá-la e dominá-la para mostrar o quanto pode em todas as coisas, estabeleceu no ser humano uma segunda natureza. Tem seus felizes e seus infelizes; seus sãos, seus doentes; seus ricos, seus pobres; seus tolos e seus sábios. E nada nos desaponta mais do que ver que ela enche seus hóspedes de uma satisfação muito mais plena e completa do que a razão. Os que são sábios em sua imaginação se comprazem muito mais neles mesmos do que os prudentes conseguem se satisfazer razoavelmente. Olham para as pessoas com autoridade. Argumentam com audácia e confiança, os outros com medo e desconfiança. E seu rosto alegre lhes dá muitas vezes vantagem na opinião dos ouvintes, tanto os sábios imaginários desfrutam de favor diante dos juízes de mesma natureza que a deles. A imaginação não pode tornar sábios os tolos, mas os torna contentes, ao contrário da razão, que só pode tornar seus amigos miseráveis. Uma os cumula de glória, a outra os cobre de vergonha.

Quem confere a reputação? Quem dá o respeito e a veneração às pessoas, às obras, aos grandes, senão a opinião? Quão insuficientes são todas as riquezas da terra sem o seu consentimento!

A opinião organiza tudo. Ela cria a beleza, a justiça e a felicidade, que é tudo no mundo. Eu sinceramente gostaria de ver o livro italiano, do qual só conheço o título, que vale sozinho por muitos livros, *Della opinione Regina del mondo*.[1] Aprovo-o sem o conhecer, exceto pelo mal que porventura ali exista.

[§] Quase nada se vê de justo ou de injusto que não mude de qualidade quando se muda de clima. Três graus de elevação do polo derrubam toda a jurisprudência. Um meridiano determina a verdade, ou a passagem de uns poucos anos. As leis fundamentais mudam. O direito tem suas épocas. Justiça engraçada, que um rio ou uma montanha limitam! Verdade aquém dos Pireneus, erro além.

[§] A arte de subverter os estados consiste em abalar os costumes estabelecidos, sondando-os até a sua fonte para ressaltar-lhes a falta de autoridade e justiça. É preciso, diz-se, recorrer às leis fundamentais e primitivas do estado, que um costume injusto aboliu. É um jogo em que é certo que vamos perder tudo. Nada será justo nessa balança. No entanto, o povo dá ouvidos a esses discursos; sacode o jugo assim que o reconhece, e os grandes se aproveitam disso para a ruína dele e daqueles curiosos examinadores dos costumes recebidos. Mas, por um defeito contrário, as pessoas pensam às vezes poder fazer com justiça tudo o que não deixe de ter precedente.

[§] Se colocarmos o maior filósofo do mundo sobre uma prancha — mais larga do que o necessário para se caminhar normalmente —, havendo lá embaixo um precipício, por mais que sua razão o convença de que está seguro, sua imaginação prevalecerá. Muitos não conseguiriam sequer pensar nisso sem empalidecer e suar. Não pretendo relatar todos os efeitos da imaginação. Quem não sabe que a visão de gatos, ratos ou um carvão sendo esmagado faz com que a razão saia dos eixos?

---

[1] "Da opinião, rainha do mundo."

[§] Não diríeis que aquele magistrado cuja velhice venerável impõe respeito a todo um povo se governa por uma razão pura e sublime, e que julga as coisas por sua natureza, sem se deter nas vãs circunstâncias que só ferem a imaginação dos fracos? Vede-o entrar no tribunal. Ei-lo prestes a escutar com gravidade exemplar. Se o advogado entra e se a natureza lhe deu uma voz rouca e feições bizarras, se o barbeiro não o barbeou direito e ainda se, por acaso, o rosto estiver lambuzado, aposto que o magistrado perderá a gravidade.

[§] O intelecto do maior homem do mundo não é tão independente que não esteja sujeito a ser perturbado pelo menor tumulto que se faça em torno dele. Não é preciso o estrondo de um canhão para atrapalhar-lhe os pensamentos; basta o ruído de um catavento ou de uma roldana. Não vos surpreendeis se ele não raciocina bem neste instante: uma mosca está zumbindo em seus ouvidos — é o bastante para torná-lo incapaz de dar um bom conselho. Se desejais que ele possa encontrar a verdade, enxotai esse animal que lhe estorva a razão e perturba essa poderosa inteligência que governa as cidades e os reinos.

[§] Temos outro princípio de erro: a saber, as doenças. Elas nos prejudicam o juízo e o senso. E se as grandes causam alterações sensíveis, não duvido de que as pequenas deixem uma impressão proporcional.

Nosso interesse próprio é também um maravilhoso instrumento para nos furar agradavelmente os olhos. A afeição ou o ódio alteram a justiça. Realmente, em que medida um advogado bem pago de antemão acha mais justa a causa que defende? No entanto, por uma outra bizarrice do espírito humano, conheço alguns que, para não sucumbir a esse amor-próprio, tornaram-se, por reação contrária, os mais injustos do mundo. O meio mais seguro de perder uma causa justa era fazer com que um de seus parentes mais próximos a recomendasse a eles.

[§] A justiça e a verdade são duas pontas tão sutis que nossos instrumentos se mostram grosseiros demais para tocá-las com precisão. Se o conseguirem, desbastam-lhe a ponta e apoiam-se no que há ao redor, mais sobre o falso do que sobre o verdadeiro.

[§] As impressões antigas não são as únicas capazes de nos enganar. Os encantos da novidade têm o mesmo poder. Deles vêm todas as disputas entre as pessoas, que se repreendem quer por seguir as falsas impressões da infância, quer por se lançar temerariamente atrás das novas.

Quem conserva o meio-termo? Que apareça e o prove. Não há princípio, por mais natural que possa ser, mesmo desde a infância, que não se faça passar por uma falsa impressão, seja da educação, seja dos sentidos. Pelo fato, diz-se, de acreditares desde a infância que um cofre estava vazio porque nele não víeis nada, acreditáveis que o vazio é possível. É uma ilusão de vossos sentidos reforçada pelo costume, que deve ser corrigida pela ciência. E os outros dizem, ao contrário: pelo fato de vos terem dito na escola que não há vazio, corromperam vosso senso comum que o compreendia tão claramente antes dessa falsa impressão, que deve ser corrigida recorrendo à vossa primeira natureza. Quem, então, enganou? Os sentidos ou a educação?

[§] As pessoas passam a vida se esforçando para obter riqueza; no entanto, o título pelo qual se prova a sua posse nada mais é, em sua origem, do que a fantasia daqueles que criaram as leis. Elas não têm poder para garantir sua posse e estão sujeitas a mil acidentes. O mesmo acontece com a ciência: a doença a tira de nós.

[§] Sem a graça, o ser humano não é mais do que um sujeito cheio de erros indeléveis. Nada lhe mostra a verdade;

tudo o engana. Os dois princípios da verdade, a razão e os sentidos, além de muitas vezes carecerem de sinceridade, iludem reciprocamente um ao outro. Os sentidos enganam a razão por falsas aparências, e esse mesmo logro que aplicam à razão, dela o recebem de volta: ela se vinga. As paixões da alma perturbam os sentidos, e lhes criam impressões falsas. Ambos mentem e se enganam todo o tempo.

[§] O que são nossos princípios naturais, senão os princípios a que estamos acostumados? Nos filhos, aqueles que receberam com os costumes dos pais, como a caça entre os animais.

Um costume diferente produzirá outros princípios naturais. Isso se vê por experiência. E se há princípios que não se alteram com os costumes, há também costumes inalteráveis diante da natureza. Isso depende da disposição.

Os pais temem que o amor natural dos filhos se extinga. Que natureza é essa, então, sujeita a ser extinta? O costume é uma segunda natureza que destrói a primeira. Por que o costume não é natural? Tenho receio de que essa natureza seja ela mesma apenas um primeiro costume, como o costume é uma segunda natureza.

XXVI

Miséria do ser humano

Nada nos proporciona um melhor conhecimento da miséria humana do que analisar a verdadeira causa da agitação perpétua em que passamos toda a vida.

A alma é lançada no corpo para uma estadia de curta duração. Sabe que é apenas uma passagem para uma viagem eterna e que só dispõe do pouco tempo que dura a vida para se preparar para ela. As necessidades da natureza consomem grande parte dela. Resta-lhe muito pouco de que possa dispor. Mas esse pouco que lhe resta a incomoda tanto e a estorva tão estranhamente que ela só quer se livrar dele. É, para ela, um sofrimento insuportável ser obrigada a viver consigo mesma e a pensar em si. Assim, todo o seu cuidado consiste em se esquecer de si mesma e deixar correr esse tempo tão curto e tão precioso sem reflexão, ocupando-se com coisas que a impeçam de pensar nisso.

Essa é a origem de todas as ocupações tumultuosas dos seres humanos e de tudo o que chamamos de diversão ou passatempo, nas quais não se tem, de fato, objetivo senão deixar o tempo passar sem o sentir, ou antes, sem se sentir a si mesmo, e evitar, perdendo essa parte da vida, a amargura e a repugnância interior que acompanhariam necessariamente a atenção que se prestasse a si mesmo durante esse tempo. A alma não encontra nada em si que a contente. Não vê ali nada que não a aflija ao pensar a respeito. É o que a força a sair de si mesma e buscar, na aplicação às coisas exteriores, perder a lembrança de seu estado verdadeiro. Sua alegria consiste nesse esquecimento e, para a tornar miserável, basta obrigá-la a se ver e a conviver consigo mesma.

Desde a infância, as pessoas são encarregadas do cuidado de sua honra, de seus bens e até do bem e da honra de seus parentes e amigos. Nós as sobrecarregamos com o estudo das línguas, das ciências, com exercícios e artes. Nós as encarregamos dos negócios e as convencemos de que não serão felizes se não agirem e cuidarem de modo que sua fortuna, sua honra e até a fortuna e a honra de seus amigos estejam em bom estado, e que uma única dessas coisas que falte as tornará infelizes. Assim, nós lhe damos encargos e negócios que as tornam angustiadas desde o raiar do dia. Direis: "Eis uma estranha maneira de as tornar felizes. Que se poderia fazer de melhor para as tornar infelizes?". "Perguntais o que se poderia fazer? Bastaria tirar-lhes todas essas preocupações. Pois então seus olhos e pensamentos de voltariam para elas mesmas, e isso é o que lhes é insuportável. Além disso, depois de serem encarregadas de tantos afazeres, se ainda dispõem de algum tempo livre, esforçam-se para gastá-lo em qualquer diversão que as ocupe totalmente e as tire de si mesmas."

É por isso que, quando passei a considerar as diversas agitações das pessoas, os perigos e os sofrimentos a que se expõem na corte, na guerra, na busca de suas ambiciosas pretensões, de onde nascem tantas querelas, paixões e empreendimentos perigosos e funestos, declarei muitas vezes que toda a infelicidade humana vem de não se saber ficar em repouso em um quarto. Alguém que possui bens suficientes para viver, se soubesse permanecer em casa, sem sair para se lançar ao mar ou ir ao cerco de uma praça, e se procurasse simplesmente viver, teria pouca necessidade dessas ocupações tão perigosas.

Porém, quando observei mais de perto, descobri que essa aversão ao repouso e a permanecer em si mesmo vem de uma causa bem real, ou seja, da infelicidade natural de nossa condição fraca e mortal, que é tão miserável que nada nos pode consolar, se nada nos impedir de pensar nisso e formos obrigados a ver apenas a nós mesmos.

Falo apenas daqueles que consideram não ter nenhuma visão religiosa. Pois é verdade que uma das maravilhas da religião cristã é reconciliar o ser humano consigo mesmo, reconciliando-o com Deus; tornar-lhe a visão de si mesmo suportável e fazer com que a solidão e o repouso sejam mais agradáveis a muitos do que a agitação e os intercâmbios humanos. Além disso, não é confinando a pessoa em si mesma que a religião cristã produz todos esses efeitos maravilhosos. É levando-a até Deus e ajudando-a a suportar suas misérias por meio da esperança de uma outra vida, que deve libertá-la completamente.

Mas, para aqueles que só agem pelos impulsos que encontram em si e em sua natureza, é impossível que permaneçam nesse repouso, que lhes dá espaço para se considerar e se ver, sem serem imediatamente atacados pela dor e pela tristeza. Aquele que só ama a si mesmo não odeia nada tanto quanto estar só consigo mesmo. Nada busca a não ser para si, e não foge de nada tanto quanto de si, porque, quando se vê, não se vê como gostaria de ser, e encontra em si mesmo um mundo de misérias inevitáveis e um vazio de bens reais e sólidos que é incapaz de preencher.

Que se escolha a condição que se deseja e que se reúna todos os bens e todas as satisfações que o pareçam contentar. Se aquele que tiver sido colocado nesse estado não tiver ocupação, nem diversão, e se o deixarem refletir sobre o que ele é, essa felicidade lânguida não o sustentará. Cairá forçosamente nas visões sombrias do futuro e, se não encontrar ocupação fora de si, ficará necessariamente infeliz.

Não será a dignidade de um rei suficientemente grande em si mesma para tornar aquele que a possui feliz pela simples visão do que é? Será necessário também distraí-lo desse pensamento, assim como aos plebeus? Bem vejo que, para tornar alguém feliz, se deva distraí-lo da visão de suas misérias domésticas, a fim de preencher todo o seu pensamento com a preocupação de dançar bem. Mas será que o mesmo acontece com um rei? E será ele mais feliz ligando-se a esses divertimentos fúteis do que à visão de sua grandeza? Que objeto mais satisfatório se poderia dar a seu espírito? Não seria estragar sua alegria, ocupar-lhe a alma com a preocupação de ajustar os passos à cadência de uma ária, ou de posicionar habilmente uma bola, em vez de o deixar desfrutar, em repouso, da contemplação da glória majestosa que o cerca? Que se faça a experiência: que se deixe um rei a sós, sem nenhuma satisfação dos sentidos, sem nenhuma preocupação no espírito, sem companhia, pensar em si mesmo, inteiramente à vontade, e ver-se-á que um rei com o pensamento voltado a si mesmo é alguém cheio de infortúnios e que se ressente deles como qualquer outro. Eis por que se evita isso com cuidado e por que, perto dos membros da realeza, nunca faltam pessoas que velam para que a diversão se siga aos negócios, e que os observam durante todo o seu tempo de ócio para lhes proporcionar prazeres e jogos, de modo que não existam momentos vazios. Quer dizer, o rei é cercado de gente que trata, de modo esplêndido, de cuidar para que ele não fique só e em condições de pensar em si, pois se sabe que, se ele pensar, isso o deixará infeliz, mesmo ele sendo rei.

Além disso, o principal fator que ampara as pessoas em cargos importantes, de outra forma tão penosos, é que eles o impedem de pensar em si.

Reparai: o que é ser superintendente, chanceler, primeiro presidente, senão ter um grande número de pessoas, vindas de todos os lados, para não lhes deixar um instante durante o dia para que possam pensar em si mesmos? E quando caem em desgraça e são enviados a suas casas de campo, onde não lhes faltam nem bens nem criados para os assistir em suas necessidades, não deixam de ser miseráveis, porque ninguém os impede de pensar neles mesmos.

Daí resulta que tanta gente goste do jogo, da caça e outras diversões que ocupam toda a sua alma. Não que haja realmente felicidade que se possa adquirir por meio desses jogos, nem que se imagine que a verdadeira bem-aventurança esteja no dinheiro que se pode ganhar no jogo, ou na lebre que se persegue. Não quereríamos nada disso se nos fosse oferecido. Não é esse modo de vida indolente e pacato, e que nos deixa pensar em nossa infeliz condição, o que se busca, mas é a azáfama que nos desvia de pensar em nossa condição.

Por isso as pessoas gostam tanto de barulho e do tumulto do mundo, que a prisão é um suplício tão horrível e que há tão poucas pessoas capazes de tolerar a solidão.

Eis tudo o que as pessoas conseguiram inventar para se tornar felizes. E aqueles que se divertem simplesmente mostrando a vaidade e a inferioridade das diversões humanas conhecem bem, na verdade, uma parte de suas misérias, pois uma grande parte dela consiste em sentir prazer em atividades tão inferiores e tão desprezíveis. Mas não conhecem o fundamento que lhes torna essas misérias até necessárias para nós, desde que não sejamos curados dessa miséria interior e natural que consiste em não poder tolerar a visão de nós mesmos. Essa lebre, se eles a tivessem comprado, não os protegeria dessa visão, mas a caça os protege. Assim, se alguém os advertisse de que o que buscam com tanto ardor não pode satisfazê-los, pois não há nada mais baixo e mais vão, se respondessem como deveriam se pensassem bem, concordariam, mas diriam, ao mesmo tempo, que não buscam nisso nada a não ser uma ocupação violenta e impetuosa que os desvie da visão de si mesmos, e que é por isso que escolhem objetos atraentes que os encantem e que os ocupem totalmente. Mas não é isso o que respondem, porque não conhecem a si mesmos. Um cavalheiro acredita sinceramente que há algo de grande e nobre na caça; ele dirá que é um prazer régio. O mesmo em relação às outras atividades com que a maioria das pessoas se ocupa. Imaginamos que haja algo de real e de sólido nos próprios objetos. Persuadimo-nos de que, se obtivermos determinado cargo, repousaremos em seguida prazerosamente e não pensamos na natureza insaciável de nossa cobiça. Acreditamos buscar sinceramente o repouso, mas na verdade só buscamos a agitação.

Os seres humanos têm um instinto secreto que os leva a buscar a diversão e a ocupação exterior, que vem do ressentimento com sua miséria contínua. E têm ainda outro instinto secreto herdado da grandeza de sua natureza primitiva, que os faz saber que a felicidade não se encontra, na verdade, senão no repouso. E, a partir desses dois instintos contrários, forma-se neles um projeto confuso que se oculta à sua visão no fundo da alma, que os leva a buscar o repouso pela agitação e a imaginar sempre que a satisfação que não possuem lhes chegará se, superando algumas dificuldades com que se defrontam, conseguirem abrir uma porta para o repouso.

Assim se escoa toda a vida. Busca-se o repouso lutando contra alguns obstáculos e, se estes são superados, o repouso se torna insuportável. Pois ou pensamos nas misérias que vivenciamos ou nas que nos ameaçam. E, ainda que nos sentíssemos suficientemente protegidos de todos os lados, o tédio, por sua própria conta, não deixaria de sair do fundo do coração, onde tem raízes naturais, e de encher o espírito com seu veneno.

É por isso que o conselho de Cineas a Pirro — que pretendia desfrutar do repouso com seus amigos após haver conquistado uma grande parte do mundo —, de que seria melhor que ele adiantasse sua felicidade, desfrutando desde agora desse repouso, sem o ir buscar por meio de tantas fadigas, apresentava grandes dificuldades e não era muito mais racional do que o projeto inicial do jovem ambicioso. Ambos supunham que o ser humano possa se contentar consigo mesmo e com seus bens atuais, sem preencher o vazio de seu coração com esperanças imaginárias — o que é falso. Pirro não podia ser feliz nem antes nem depois de ter conquistado o mundo. E talvez a vida indolente que lhe aconselhava seu ministro fosse ainda menos capaz de o satisfazer do que a agitação de tantas guerras e tantas viagens que ele projetava.

É preciso, portanto, reconhecer que o ser humano é tão infeliz que se entediaria até sem qualquer motivo exterior de tédio, por sua própria condição natural, e com isso ele é tão fútil e tão leviano que, estando cheio de mil causas essenciais de tédio, a menor bagatela basta para o divertir. De forma que, se pensarmos seriamente, o fato de que ele possa se divertir com coisas tão frívolas e tão inferiores é ainda mais lamentável que o de que se aflija com suas misérias reais, e suas diversões são infinitamente menos racionais do que seu tédio.

[§] Como se explica que um homem que perdeu há pouco tempo seu filho único e que, atormentado por processos e contendas, estava nesta manhã tão perturbado e agora não pense mais nisso? Não fiqueis surpresos: ele está totalmente ocupado vendo por onde passará um cervo que seus cães perseguem com ardor há seis horas. Não precisa de mais nada, por mais triste que esteja. Se conseguirmos que ele se dedique a qualquer diversão, ei-lo feliz durante esse tempo, mas com uma felicidade falsa e imaginária, que não vem da posse de qualquer bem real e sólido, mas de uma futilidade de espírito, que o faz perder a lembrança de suas verdadeiras misérias para se ligar a objetos inferiores e ridículos, indignos de sua atenção. É uma alegria febril e frenética, que não vem da saúde da alma, mas de sua perturbação. É um riso de loucura e delírio. Pois é espantoso considerar o que as pessoas gostam nos jogos e diversões. É verdade que, ocupando a mente, eles a desviam da percepção de seus males, o que é real. Mas eles só a ocupam porque a mente forma um objeto imaginário de paixão, ao qual se prende.

Qual seria, em vosso entendimento, o objetivo dessas pessoas que se dedicam ao jogo da pela com tanta aplicação da mente e agitação do corpo? O de, no dia seguinte, se gabar diante dos amigos de que jogou melhor do que o outro. Eis a fonte de seu apego ao jogo. Da mesma forma, outros suam em seus gabinetes para mostrar aos eruditos que resolveram uma questão de álgebra que até então ninguém conseguira resolver. E tantos outros se expõem aos maiores perigos para se vangloriar em seguida por terem tomado uma praça, também estupidamente, a meu ver. E, enfim, outros se matam para observar todas essas coisas, não para se tornar mais sábios, mas somente para mostrar que conhecem a vaidade que há nelas, e estes últimos são os mais tolos de todos, pois o são com conhecimento, ao passo que, dos outros, se pode pensar que não seriam assim se tivessem esse conhecimento.

[§] Certa pessoa passa a vida sem tédio, apostando todos os dias um pequeno valor. Ficaria infeliz se lhe dessem todas as manhãs, sob a condição de não jogar, o dinheiro que ela poderia ganhar a cada dia. Dir-se-á, talvez, que é a diversão do jogo que ela busca, e não o ganho. Entretanto, se a fizerem jogar por nada, ela não se animará e ficará entediada. Não é, portanto, apenas a diversão que ela busca. Uma diversão sem ânimo e sem paixão a entediará. É preciso que ela se entusiasme e que iluda a si mesmo, imaginando que seria feliz ganhando o que não quereria que lhe dessem sob a condição de não jogar, e que se forme um objeto de paixão, que excite seu desejo, sua cólera, seu medo, sua esperança.

Assim as diversões que fazem a felicidade das pessoas não são somente vis; são ainda falsas e enganosas, isto é, têm por objeto fantasmas e ilusões que seriam incapazes de ocupar a mente de alguém se este não houvesse perdido a apreciação e o gosto do verdadeiro bem, e se não estivesse repleto de baixeza, de vaidade, de futilidade, de orgulho e de uma infinidade de outros vícios. E não nos aliviam de nossas misérias, causando-nos uma miséria mais real e mais intensa. Pois são elas, principalmente, que nos impedem de pensar em nós mesmos e que nos fazem perder tempo sem perceber. Sem elas, sentiríamos tédio, e esse tédio nos levaria a buscar algum meio mais sólido de sair dele. Mas a diversão nos engana, nos faz rir e nos leva à morte sem que o percebamos.

[§] Os seres humanos, não tendo sido capazes de curar a morte, a miséria, a ignorância, resolveram, para serem felizes, não pensar em nada disso: foi tudo o que puderam inventar para se consolar de tantos males. Mas é uma consolação bem pobre, porque não cura o mal, apenas o oculta por pouco tempo. E, ocultando-o, faz com que não se pense em curá-lo verdadeiramente. Assim, por uma estranha inversão na natureza do ser humano, resulta que o tédio, que é seu mal mais sensível, é, de certa forma, seu maior bem, porque pode contribuir mais do que tudo para fazê-lo procurar a verdadeira cura, enquanto a diversão, que ele encara como seu maior bem, é, na verdade, seu maior mal, porque é o que mais o impede de buscar o remédio para seus males. Ambos são provas admiráveis da miséria e da corrupção do ser humano, e ao mesmo tempo de sua grandeza, já que ele se entendia com tudo e só busca essa multiplicidade de ocupações porque tem uma ideia da felicidade que perdeu e que, não a encontrando em si, busca inutilmente nas coisas exteriores, sem jamais se contentar, porque ela não está nem dentro de nós, nem nas criaturas, mas somente em Deus.

XXVII

Pensamentos sobre os milagres

É preciso julgar a doutrina pelos milagres; é preciso julgar os milagres pela doutrina. A doutrina distingue os milagres, e os milagres distinguem as doutrinas. Tudo isso é verdadeiro, e não é contraditório.

[§] Há milagres que são provas infalíveis da verdade; há outros que não são provas infalíveis da verdade. É preciso uma regra para os reconhecer; de outra forma, seriam inúteis. Ora, eles não são inúteis. São, ao contrário, fundamentos.

É preciso, então, que a regra que nos é dada seja tal que não destrua a prova que os verdadeiros milagres dão da verdade, que é a finalidade principal dos milagres.

[§] Se não houvesse falsos milagres, haveria certeza. Se não houvesse regra para os distinguir, os milagres seriam inúteis, e não haveria razão para crer neles.

Moisés nos deu uma, que é quando o milagre conduz à idolatria (Dt 13.1-3), e Jesus Cristo, outra: "Aquele que faz milagres em meu nome não pode falar mal de mim logo em seguida" (Mc 9.39). Daí decorre que, qualquer um que se declare abertamente contra Jesus Cristo, não pode fazer milagres em seu nome. Assim, se os fizer, não será em nome de Jesus Cristo e não deve ser escutado. Estão aí assinaladas as exclusões à fé nos milagres. Não é necessário fornecer outras exclusões. No Antigo Testamento, quando o milagre nos desvia de Deus. No Novo Testamento, quando nos desvia de Jesus Cristo.

Portanto, logo que se vê um milagre, é preciso se submeter a ele ou ter estranhos sinais do contrário. É preciso ver se aquele que o faz nega a Deus ou a Jesus Cristo.

[§] Toda religião é falsa quando, em sua fé, não adora um Deus como princípio de todas as coisas, e quando em sua moral não ama um único Deus como objeto de todas as coisas.

Toda religião que não reconhece agora Jesus Cristo é notoriamente falsa, e os milagres não lhe podem servir de nada.

[§] Os judeus tinham uma doutrina de Deus, assim como temos uma de Jesus Cristo, confirmada por milagres e que proíbe a crença em todos os fazedores de milagres que ensinem uma doutrina contrária e, ainda, a recomendação de recorrer aos grandes sacerdotes e de seguir sua orientação. E, assim, todas as razões de que dispomos para nos recusar a crer nos fazedores de milagres, eles tinham, a meu ver, em relação a Jesus Cristo e aos apóstolos.

Entretanto é certo que eles foram culpados de se recusar a crer neles por causa de seus milagres, já que Jesus Cristo disse que eles não teriam sido culpados se não houvessem visto seus milagres: *Si opera non fecissem in eis quæ nemo alius fecit, peccatum non haberent*; "Se eu não houvesse realizado entre eles obras que nenhum outro realizou, eles não haveriam pecado" (Jo 15.24).

Segue-se, então, que ele julgava que seus milagres eram provas infalíveis do que ele ensinava, e que os judeus tinham obrigação de crer nele. E, com efeito, são especialmente os milagres que tornaram os judeus culpados por sua incredulidade. Pois as provas que se poderia extrair das Escrituras durante a vida de Jesus Cristo não eram demonstrativas. Vê-se nas Escrituras, por exemplo, que Moisés falou que um profeta viria, mas isso não prova que Jesus Cristo fosse esse profeta, e essa era toda a questão. Essas passagens indicavam que ele podia ser o Messias, e isso, com seus milagres, deveria levar à crença de que ele o era realmente.

[§] As profecias sozinhas não podiam provar Jesus Cristo durante sua vida. E, assim, ninguém seria culpado de não crer nele antes de sua morte, se não fosse o papel decisivo dos milagres. Portanto os milagres bastam quando a doutrina não lhes é contrária, e deve-se crer neles.

[§] Jesus Cristo provou que era o Messias verificando sua doutrina e sua missão mais pelos milagres do que pelas Escrituras e pelas profecias.

Foi pelos milagres que Nicodemos reconheceu que sua doutrina era de Deus: *Scimus quia à Deo venisti, Magister; nemo enim potest hæc signa facere quæ tu facis, nisi fuerit Deus cum eo.*[1] Ele não julga os milagres pela doutrina, mas a doutrina pelos milagres.

Mesmo que a doutrina fosse suspeita — como a de Jesus Cristo podia ser para Nicodemos, pelo fato de parecer destruir as tradições dos fariseus —, se há milagres claros e evidentes do mesmo lado, é preciso que a evidência do milagre prevaleça sobre qualquer dificuldade que a doutrina possa provocar. Isso se baseia no princípio imóvel de que Deus não pode induzir ao erro.

Há um dever recíproco entre Deus e o ser humano. "Vinde, pois, e arrazoemos", diz Deus em Isaías (Is 1.18). E em outra passagem: "Que mais se podia fazer ainda à minha vinha, que eu lhe não tenha feito?" (Is 5.4).

Os seres humanos devem a Deus receber a religião que ele lhes envia. Deus deve aos seres humanos não os induzir em erro.

Ora, eles seriam induzidos em erro se os fazedores de milagres anunciassem uma falsa doutrina que não parecesse visivelmente falsa à luz do senso comum, e se um maior

---

[1] "Rabi, sabemos que és Mestre vindo da parte de Deus; porque ninguém pode fazer estes sinais que tu fazes, se Deus não estiver com ele" (Jo 3.2).

fazedor de milagres já não os houvesse advertido de que não cressem neles.

Assim, se houvesse divisão na Igreja e os arianos, por exemplo, que diziam basear-se nas Escrituras como os católicos, tivessem feito milagres, e não os católicos, teríamos sido induzidos em erro. Pois, assim como uma pessoa que nos anuncia os segredos de Deus não é digna de crédito com base em sua autoridade privada, da mesma forma uma pessoa que, como um sinal da comunicação que tem com Deus, ressuscita os mortos, prediz o futuro, move montanhas, cura doenças, merece crédito, e apenas um ímpio lhe nega isso, a menos que ela seja desmentida por alguma outra pessoa que faça milagres ainda maiores.

Mas não é verdade que Deus nos testa? E, assim, será que ele não pode nos testar com milagres que parecem levar à falsidade?

Há muita diferença entre testar e induzir em erro. Deus nos testa, mas não nos induz em erro. Testar é proporcionar ocasiões que não impõem necessidade. Induzir em erro é colocar a pessoa na necessidade de concluir e seguir uma falsidade. É o que Deus não pode fazer e o que ele faria, no entanto, se permitisse que, em uma questão obscura, se fizessem milagres que fortalecessem a falsidade.

A partir disso se deve concluir que é impossível que alguém, escondendo sua má doutrina e deixando apenas a boa aparecer, dizendo-se conforme a Deus e a Igreja, faça milagres, para transmitir insidiosamente uma doutrina falsa e sutil: isso não pode acontecer. E, menos ainda, que Deus, que conhece os corações, faça milagres em favor de uma pessoa desse tipo.

[§] Há muita diferença entre não ser por Jesus Cristo e o dizer, ou não ser por Jesus Cristo e fingir sê-lo. Os primeiros talvez pudessem fazer milagres; os outros, não, pois é claro que uns o fazem contra a verdade, enquanto os outros não. Isso torna mais clara a questão dos milagres.

Os milagres, portanto, ajudam a discernir quando há controvérsias: entre os povos judeu e pagão; judeu e cristão; católico, herético; caluniados, caluniadores; entre as três cruzes.

É o que se viu em todos os combates da verdade contra o erro, de Abel contra Caim, de Moisés contra os magos do faraó, de Elias contra os falsos profetas, de Jesus Cristo contra os fariseus, de São Paulo contra Barjesus, dos apóstolos contra os exorcistas, dos cristãos contra os infiéis, dos católicos contra os heréticos. E é o que se verá também no combate de Elias e Enoque contra o Anticristo. O verdadeiro sempre prevalece em milagres.

Enfim, nunca no debate sobre o verdadeiro Deus, ou sobre a verdade da religião, aconteceu milagre do lado do erro sem ter ocorrido um maior do lado da verdade.

Por essa regra, é claro que os judeus eram obrigados a crer em Jesus Cristo. Jesus Cristo lhes era suspeito. Mas seus milagres eram infinitamente mais claros do que as suspeitas que havia contra ele. Portanto, era preciso que cressem nele.

[§] No tempo de Jesus Cristo, uns criam nele, outros não, por causa das profecias que diziam que o Messias devia nascer em Belém, ao passo que se acreditava que Jesus Cristo havia nascido em Nazaré. No entanto, deviam tomar mais cuidado e verificar se ele não havia nascido em Belém. Pois seus milagres sendo convincentes, essas supostas contradições de sua doutrina com as Escrituras e essa falta de clareza não os desculpava, mas os cegava.

[§] Jesus Cristo curou o cego de nascença e fez diversos milagres no sábado. Com isso ele cegava os fariseus, que diziam que era preciso julgar os milagres pela doutrina.

Entretanto, pela mesma regra pela qual devemos crer em Jesus Cristo, não devemos crer no Anticristo.

Jesus Cristo não falava nem contra Deus, nem contra Moisés. O Anticristo e os falsos profetas preditos pelo Antigo e pelo Novo Testamento falarão abertamente contra Deus e contra Jesus Cristo. Deus não permitiria que um inimigo encoberto fizesse milagres abertamente.

[§] Moisés predisse Jesus Cristo e ordenou que o seguissem. Jesus Cristo predisse o Anticristo e proibiu que o seguissem.

[§] Os milagres de Jesus Cristo não são preditos pelo Anticristo. Mas os milagres do Anticristo são preditos por Jesus Cristo. E, assim, se Jesus Cristo não fosse o Messias, teria induzido as pessoas em erro, mas não haveria razão para ser induzido em erro pelos milagres do Anticristo. E é por isso que os milagres do Anticristo não prejudicam os de Jesus Cristo. Além disso, quando Jesus Cristo predisse os milagres do Anticristo, pensou acaso em destruir a fé em seus próprios milagres?

[§] Não há nenhuma razão para se crer no Anticristo que não seja para crer em Jesus Cristo. Mas existem razões para crer em Jesus Cristo que não levam à crença no Anticristo.

[§] Os milagres serviram como fundação e servirão para a continuação da Igreja até o Anticristo; até o fim.

É por isso que Deus, a fim de conservar essa prova da sua Igreja, confundiu os falsos milagres ou os predisse. E por ambos os meios se elevou acima do que é sobrenatural em relação a nós, e nos elevou a nós mesmos.

O mesmo acontecerá no futuro: ou Deus não permitirá falsos milagres ou realizará milagres maiores.

Pois os milagres têm tal força que foi preciso que Deus alertasse para não se acreditar neles quando são contra ele, por mais que acreditemos que há um Deus. Sem esse alerta, eles teriam sido capazes de causar perturbações.

E, assim, as passagens do capítulo 13 do Deuteronômio, que dizem que não se deve crer nem dar ouvidos àqueles que farão milagres com o objetivo de nos desviar do serviço de Deus, e aquela de São Marcos, "surgirão falsos cristos e falsos profetas, operando sinais e prodígios, para enganar, se possível, os próprios eleitos" (Mc 13.22) e algumas outras semelhantes, longe de deporem contra a autoridade dos milagres, mostram ainda mais sua força.

[§] O que faz com que não se creia nos verdadeiros milagres é a falta de caridade. Como Jesus disse aos judeus: "Vós não credes, porque não sois das minhas ovelhas" (Jo 10.26). O que faz com que se creia nos falsos milagres é a falta de caridade: *Eo quod caritatem veritatis non receperunt ut salvi fierent, ideo mittet illis Deus operationem erroris, ut credant mendacio.*[2]

[§] Quando meditei sobre por que se dá tanta fé a tantos impostores que dizem ter os remédios, a ponto de muitas vezes se entregar a vida nas mãos deles, pareceu-me que a verdadeira causa disso é que há remédios verdadeiros, pois não seria possível que houvesse tantos falsos, e que se desse tanta credibilidade a eles, se não houvesse verdadeiros. Se jamais tivesse havido um verdadeiro, e se todos os males fossem incuráveis, seria impossível que alguém imaginasse que eles poderiam dar esses remédios, e ainda mais impossível que tantos outros dessem crédito àqueles que se gabassem de o fazer. Da mesma forma, se alguém se gabasse de impedir a morte, ninguém acreditaria nele, porque não há nenhum exemplo disso. Mas, como há muitos remédios que se provaram verdadeiros, até mesmo na opinião dos maiores conhecedores, isso influenciou a crença das pessoas, porque, não sendo possível negar de modo geral, já que há efeitos

---

[2] "E com todo engano de injustiça aos que perecem, porque não acolheram o amor da verdade para serem salvos" (2Ts 2.10).

específicos que realmente acontecem, o povo, não conseguindo discernir quais desses efeitos específicos são os verdadeiros, acaba crendo em todos. Assim também o que faz que se creia em tantos falsos efeitos da lua é que há alguns verdadeiros, como o fluxo do mar.

Assim, parece-me também, evidentemente, que só há tantos falsos milagres, falsas revelações, sortilégios, etc. porque há também os verdadeiros; só há falsas religiões porque há uma verdadeira. Pois se nunca tivesse havido nada disso, seria impossível que as pessoas o tivessem imaginado e, ainda mais, que tantos outros houvessem acreditado. Porém, como houve grandíssimas coisas verdadeiras e, assim, elas receberam a crença de pessoas importantes, essa impressão fez com que quase todo o mundo se tornasse capaz de crer também em coisas falsas. E assim, em vez de concluir que não há verdadeiros milagres pelo fato de haver falsos, é preciso dizer, ao contrário, que há milagres verdadeiros pelo fato de haver tantos falsos, e que só existem falsos em razão de haver verdadeiros; e que não há também falsas religiões senão porque há uma verdadeira. Isso decorre do fato de que o espírito humano, inclinando-se para esse lado pela verdade, torna-se suscetível a uma igual influência a partir de todas as falsidades.

[§] Diz-se: crede na Igreja. Mas não se diz: crede nos milagres. Porque o último é natural, enquanto o primeiro não é. Um necessitava de preceito, o outro não.

[§] Há tão poucas pessoas para quem Deus apareça por meio de intervenções extraordinárias que se deve aproveitar bem essas ocasiões, já que ele só sai do segredo da natureza que o encobre para estimular nossa fé para o servir com ainda mais ardor pelo fato de passarmos a conhecê-lo melhor.

Se Deus se revelasse constantemente, não haveria mérito em crer nele, e se ele não se revelasse nunca, haveria pouca fé.

Mas ele se oculta normalmente e se revela raramente àqueles que deseja empregar em seu serviço. Esse estranho segredo, pelo qual Deus se retirou, impenetrável à visão dos seres humanos, é uma grande lição para nos levar à solidão, longe da visão dos seres humanos. Ele permaneceu oculto sob o véu da natureza, que o encobre para nós, até a encarnação, e quando foi necessário que aparecesse, ficou ainda mais oculto se cobrindo de humanidade. Ele era bem mais reconhecível quando era invisível do que quando se tornou visível. E, enfim, quando quis cumprir a promessa que fez a seus apóstolos, de permanecer entre os humanos até seu último advento, escolheu permanecer no mais estranho e obscuro segredo de todos, a saber, na forma da Eucaristia. É esse sacramento que São João chama no Apocalipse de "maná escondido" (Ap 2.17), e creio que Isaías o via nesse estado quando falou, em espírito de profecia: "Verdadeiramente, tu és um Deus oculto". Eis o último esconderijo onde ele pode se ocultar. O véu da natureza que encobre Deus foi penetrado por diversos infiéis que, como disse São Paulo, reconheceram um Deus invisível pela natureza visível. Muitos cristãos heréticos o conheceram por meio de sua humanidade e adoraram Jesus Cristo como Deus e como ser humano. Mas, quanto a nós, devemos nos considerar felizes com o que Deus nos revela até o reconhecer sob a forma do pão e do vinho.

Pode-se acrescentar a essas considerações o segredo do Espírito de Deus oculto também nas Escrituras. Pois há dois sentidos perfeitos, o literal e o místico, e os judeus, detendo-se em um deles, não pensam que exista outro e não se propõem buscá-lo. Da mesma forma, os ímpios, vendo os efeitos naturais, os atribuem à natureza, sem pensar que haja outro autor. E, como os judeus contemplando com a natureza humana de Jesus Cristo, não pensaram em buscar outra: "não pensamos que fosse ele", diz ainda Isaías (Is 53.3). Da mesma forma, os heréticos, vendo a aparência perfeita de pão na Eucaristia, não pensam em procurar outra substância. Todas as coisas encobrem algum mistério. Todas as coisas são véus que encobrem Deus. Os cristãos o devem reconhecer em tudo. As aflições temporais encobrem os bens eternos aos quais conduzem. As alegrias temporais encobrem os males eternos que causam. Oremos a Deus para que nos faça reconhecê-lo e servi-lo em tudo, e demos graças infinitas a ele que, estando oculto em todas as coisas para tantos outros, tenha se revelado em todas coisas e de tantas maneiras para nós.

XXVIII

Pensamentos cristãos

Os ímpios, que se abandonam cegamente às paixões sem conhecer a Deus e sem se dar ao trabalho de o buscar, confirmam esse fundamento da fé que combatem, isto é, que a natureza dos seres humanos é corrompida. E os judeus, que combatem tão obstinadamente a religião cristã, confirmam ainda outro fundamento dessa mesma fé que atacam, ou seja, que Jesus Cristo é o verdadeiro Messias e que veio redimir os seres humanos e os retirar da corrupção e da miséria onde estavam. Confirmam-no tanto pelo estado em que se encontram hoje em dia, e que foi enunciado nas profecias, quanto por essas mesmas profecias que eles guardam e conservam inviolavelmente como os sinais pelos quais se deve reconhecer o Messias. Assim, as provas da corrupção dos seres humanos e da redenção de Jesus Cristo, que são as duas principais verdades do cristianismo, escapam aos ímpios, que vivem na indiferença da religião, e aos judeus, que são seus inimigos irreconciliáveis.

[§] A dignidade do ser humano consistia, em sua inocência, em dominar as criaturas e as usar, mas hoje consiste em separar-se delas ou a elas se sujeitar.

[§] Há um grande número de verdades, tanto de fé quanto de moral, que parecem repugnantes e contrárias, e que subsistem todas em uma ordem admirável.

A fonte de todas as heresias é a exclusão de algumas dessas verdades. E a fonte de todas as objeções que nos fazem os heréticos é a ignorância de algumas de nossas verdades.

E normalmente acontece que, não podendo conceber a relação entre duas verdades opostas, e crendo que o reconhecimento de uma encerra a exclusão da outra, eles se apegam a uma e excluem a outra.

Os nestorianos sustentavam que havia duas pessoas em Jesus Cristo, porque há duas naturezas, e os eutiquianos, ao contrário, que havia apenas uma natureza, porque há apenas uma pessoa. Os católicos são ortodoxos, porque juntam as duas verdades de duas naturezas e de uma única pessoa.

Cremos que, tendo a substância do pão sido transformada na do corpo de Nosso Senhor Jesus Cristo, ele está presente realmente no santo sacramento. Eis uma das verdades. Outra é que esse sacramento é também uma figura da cruz, da glória e uma comemoração das duas. Eis a fé católica, que compreende essas duas verdades que parecem opostas.

A heresia atual, não concebendo que esse sacramento contenha tudo reunido, tanto a presença de Jesus Cristo quanto sua figura, e que ele seja sacrifício e comemoração do sacrifício, crê que não se pode admitir uma dessas verdades sem excluir a outra.

Por essa razão, eles se agarram a esse ponto, o de que esse sacramento é figurativo, e nisso não são heréticos. Pensam que nós excluímos essa verdade; daí a razão pela qual nos fazem tantas objeções sobre as passagens dos Pais da Igreja que o dizem. Enfim, negam a presença real, e nisso são heréticos.

Eis por que o meio mais curto para impedir as heresias é ensinar sobre todas as verdades, e o meio mais seguro de as refutar é desvelá-las todas.

[§] A graça estará sempre no mundo e também na natureza. Haverá sempre pelagianos e sempre católicos, porque o primeiro nascimento faz uns, e o segundo nascimento faz os outros.

[§] É a Igreja, junto com Jesus Cristo, que é inseparável dela, que realiza a conversão de todos aqueles que não estão na verdadeira religião. E são esses convertidos que depois socorrem a mãe que os libertou.

[§] O corpo não permanece vivo sem a cabeça tanto quanto a cabeça não vive sem o corpo. Qualquer um que se separa de um ou de outro não pertence mais ao corpo e não pertence mais a Jesus Cristo. Todas as virtudes, o martírio, as austeridades e todas as boas obras são inúteis fora da Igreja e da comunhão com a cabeça da Igreja, que é o papa.

[§] Uma das confusões dos réprobos será ver que serão condenados por sua própria razão, com a qual pretenderam condenar a religião cristã.

[§] É preciso julgar o que é bom ou mau pela vontade de Deus, que não pode ser nem injusta nem cega, e não pela nossa própria, que é sempre cheia de maldade e erro.

[§] Jesus Cristo forneceu no Evangelho um sinal para reconhecer aqueles que têm fé, ou seja, que eles falarão uma nova língua. E, de fato, a renovação dos pensamentos e desejos leva à do discurso. Pois essas novidades que não podem desagradar a Deus, como o ser humano antigo não lhe podia agradar, são diferentes das novidades do mundo, pelo fato de que as coisas do mundo, por mais novas que sejam, envelhecem com o tempo, enquanto esse espírito novo se renova cada vez mais quanto mais dura. Como diz São Paulo, "mesmo que o nosso homem exterior se corrompa, contudo, o nosso homem interior se renova de dia em dia" (2Co 4.16), e só será perfeitamente novo na eternidade, quando cantará sem cessar esse Cântico novo de que fala Davi em seus Salmos (Sl 149), ou seja, esse canto que parte do espírito novo da caridade.

[§] Quando São Pedro e os apóstolos deliberam abolir a circuncisão, quando se tratava de agir contra a lei de Deus, não consultam os profetas, mas simplesmente a recepção do Espírito Santo na pessoa dos incircuncisos. Julgam mais certo que Deus aprove aqueles que impregna com seu Espírito, em vez de exigir o cumprimento da lei. Sabiam que a finalidade da lei não era senão o Espírito Santo e que, assim, considerando que eles já o tinham sem a circuncisão, esta não era necessária.

[§] Duas leis bastam para reger toda a República cristã melhor do que todas as leis políticas: o amor a Deus e ao próximo.

[§] A religião se adapta a todos os tipos de espíritos. As pessoas comuns se detêm em seu estado e fundação, e essa religião é tal que basta sua fundação para provar sua verdade. Outras vão até os apóstolos. As mais instruídas vão até o começo do mundo. Os anjos a veem ainda melhor e de mais longe, pois a veem no próprio Deus.

[§] Aqueles a quem Deus deu a religião por meio dos sentimentos de seu coração são bem-aventurados e foram adequadamente persuadidos. Quanto àqueles que não têm esses sentimentos, não há como alcançá-los a não ser pelo raciocínio, esperando que Deus a implante ele mesmo em seu coração, sem o que a fé é inútil para a salvação.

[§] Deus, para reservar apenas a si mesmo o direito de nos instruir e para tornar a dificuldade de nosso ser ininteligível para nós mesmos, escondeu o nó tão alto ou, dizendo melhor, tão baixo, que éramos incapazes de lá chegar. De forma que não é pelas agitações de nossa razão, mas pela simples submissão da razão, que podemos verdadeiramente nos conhecer.

[§] Os ímpios que fazem profissão de seguir a razão devem ser estranhamente fortes em matéria de razão. Que dizem eles, então? Não vemos, dizem eles, morrer e viver os animais tanto quanto as pessoas, e os turcos tanto quanto os cristãos? Eles têm suas cerimônias, seus profetas, seus doutores, seus santos, seus religiosos como nós, etc. Isso é contrário às Escrituras? Elas não dizem tudo isso? Se não vos preocupais em saber a verdade, isso é o bastante para ficardes sossegados. Porém, se desejais de todo vosso coração conhecê-la, isso não é suficiente: atentai ao detalhe. Isso seria talvez o suficiente para uma vã questão de filosofia, mas aqui, onde a própria existência está envolvida? E, no entanto, após uma reflexão superficial desse tipo, as pessoas voltam a se divertir, etc.

[§] É algo horrível sentir continuamente se esvair tudo o que temos, e que possamos nos prender sem ter vontade de procurar se não há algo de permanente.

[§] É preciso viver de formas diferentes no mundo conforme essas suposições diversas: se pudéssemos nele ficar para sempre; se é certo que nele não ficaremos por muito tempo e incerto que estaremos nele ainda por uma hora. Essa última suposição é a nossa.

[§] Pela regra dos partidos, deveis fazer o esforço de procurar a verdade. Pois, se morrerdes sem adorar o verdadeiro princípio, estareis perdido. Mas, dizeis, se ele tivesse desejado que eu o adorasse, ele me teria deixado sinais de sua vontade. Ele assim o fez, mas vós os ignorais. Procurai-os ao menos; vale a pena.

[§] Os ateus devem dizer coisas perfeitamente claras. Ora, seria preciso ter perdido o bom senso para dizer que é perfeitamente claro que alma é mortal. Não vejo necessidade de se ir a fundo nas ideias de Copérnico, mas é importante para qualquer vida saber se a alma é mortal ou imortal.

[§] Quem pode deixar de admirar e abraçar uma religião que conhece a fundo aquilo que se reconhece tanto mais quanto mais luz se tiver?

[§] Alguém que descobre provas da religião cristã é como um herdeiro que encontra os títulos de sua casa. Será que ele dirá que são falsos e deixará de os examinar?

[§] Não creio que haja mais dificuldade em crer na

ressurreição do corpo e no parto da Virgem do que na criação. Será que é mais difícil reproduzir uma pessoa do que a criar? E se nunca tivéssemos sabido como alguém é gerado, será que acharíamos mais estranho que um filho nascesse apenas de uma moça do que se nascesse de um homem e uma mulher?

[§] Há grande diferença entre repouso e segurança de consciência. Nada deve proporcionar mais repouso do que a busca sincera da verdade. E nada pode proporcionar mais segurança do que a verdade.

[§] Há duas verdades de fé igualmente constantes: uma, que o ser humano no estado da criação, ou seja, em estado de graça, é elevado acima de toda a natureza, torna-se semelhante a Deus e participa da divindade; a outra, que, no estado de corrupção e do pecado, o ser humano decaiu desse estado e se tornou semelhante aos animais. Essas duas proposições são igualmente sólidas e certas. As Escrituras as declaram manifestamente quando dizem, em algumas passagens: *Delicia mea, esse cum filiis, hominum.*[1] *Effundam spiritum meum super omnem carnem.*[2] *Dij estis*[3] etc. E em outras: *Omnis caro fœnum.*[4] *Homo comparatus est jumentis insipientibus, et similis factus est illis.*[5] *Dixi in corde meo de fillis hominum, ut probaret eos Deus, e ostenderet similes esse bestiis* etc.[6]

[§] Ninguém jamais se separa sem dor. Não sentimos a corrente quando seguimos voluntariamente aquele que a puxa, diz Santo Agostinho. Porém quando se começa a resistir, e a

---

[1] "Achando as minhas delícias com os filhos dos homens" (Pv 8.31).
[2] "Derramarei o meu Espírito sobre toda a carne" (Jl 2.28).
[3] "Sois deuses" (Sl 82.6).
[4] "Toda carne é erva" (Is 40.6).
[5] "O homem é comparável às bestas ignorantes e fez-se semelhante a elas" (Sl 49.12, tradução do latim).
[6] "Disse ainda comigo: é por causa dos filhos dos homens, para que Deus os prove, e eles vejam que são em si mesmos como os animais" (Ec 3.18).

se afastar, sofre-se bastante; a corrente se estica e suporta toda a violência, e essa corrente é nosso próprio corpo, que só se rompe com a morte. Nosso Senhor disse que, desde a vinda de João Batista, ou seja, desde seu advento em cada fiel, o reino de Deus sofre violência, e os violentos o atacam. Antes que se seja tocado, há apenas o peso de sua concupiscência, que conduz à terra. Quando Deus puxa para cima, esses dois esforços contrários criam essa violência que apenas Deus consegue superar. Mas podemos tudo, diz São Leão, com aquele sem o qual não podemos nada. É preciso, então, se decidir a suportar essa guerra durante toda a vida, pois não há paz aqui. Jesus Cristo veio trazer a espada, e não a paz. Ainda assim, é preciso confessar que, como dizem as Escrituras, a sabedoria deste mundo é loucura para Deus. Então se pode dizer que essa guerra, por mais árdua que pareça aos seres humanos, é uma paz diante de Deus, pois é essa paz que Jesus Cristo também veio trazer. Ela só será perfeita, entretanto, quando o corpo for destruído, e é isso o que faz com que se deseje a morte, tolerando-se, não obstante, de bom grado a vida, pelo amor daquele que suportou por nós tanto a vida quanto a morte, e que pode nos dar mais do que podemos pedir ou imaginar, como disse São Paulo.

[§] É preciso procurar não se afligir com nada, e encarar tudo o que vier da melhor forma. Creio que isso é um dever, e que é um pecado não o fazer. Pois, enfim, a razão pela qual os pecados são pecados é somente porque são contrários à vontade de Deus. E, portanto, consistindo a essência do pecado em conter uma vontade oposta àquela que conhecemos em Deus, parece-me claro que, quando ele nos revela sua vontade por meio dos acontecimentos, seria um pecado não nos conformarmos a ela.

[§] Quando a verdade é abandonada e perseguida, parece-me que seja o momento em que o serviço que se presta a Deus, defendendo-a, lhe é bastante agradável. Ele quer que julguemos a graça pela natureza. E, assim, permite-nos considerar que, como um príncipe expulso de seu país por seus súditos nutre um carinho extremo por aqueles que lhe permanecem fiéis na revolta pública, da mesma forma Deus considera com uma bondade especial aqueles que defendem a pureza da religião quando ela é atacada. Mas há uma diferença entre os reis da terra e o rei dos reis: os príncipes não tornam seus súditos fiéis, mas os encontram nesse estado, enquanto Deus encontra somente infiéis sem sua graça e os torna fiéis quando eles o são. De forma que, enquanto os reis normalmente declaram ter obrigação para com aqueles que permanecem no dever e em sua obediência, acontece, ao contrário, que aqueles que permanecem no serviço de Deus estão, eles mesmos, infinitamente endividados para com ele.

[§] Não são nem as austeridades do corpo, nem as agitações da mente, mas os bons movimentos do coração que amparam e sustentam os castigos do corpo e do espírito. Pois, enfim, são necessárias duas coisas para santificar: castigos e prazeres. São Paulo disse que aqueles que entrarão na boa vida encontrarão perturbações e inquietudes em grande número. Isso deve consolar aqueles que as sentem, pois, tendo sido advertidos de que o caminho do céu que eles buscam está repleto delas, devem se regozijar por encontrar os sinais de que estão no verdadeiro caminho. Mas esses castigos não são isentos de prazer e apenas pelo prazer podem ser superados. Porque, assim como aqueles que abandonam a Deus para retornar ao mundo só o fazem porque encontram mais doçura nos prazeres da terra do que naqueles da união com Deus, e porque esse encanto irresistível os arrebata e, fazendo-os se arrepender de sua primeira escolha, os torna *penitentes do diabo*, nas palavras de Tertuliano; da mesma forma, jamais alguém deixaria os prazeres do mundo para abraçar a cruz de

Jesus Cristo se não encontrasse mais doçura no desprezo, na pobreza, no desamparo e na escória humana do que nas delícias do pecado. E, assim, como diz Tertuliano, *não se deve crer que a vida dos cristãos seja uma vida de tristeza. Não se abandona os prazeres a não ser por outros maiores.* Ou, ainda, como diz São Paulo, orai sempre, dai graças sempre, regozijai-vos sempre. É a alegria de ter encontrado Deus que é o princípio da tristeza de o ter ofendido e de toda mudança de vida. Aquele que encontrou o tesouro num campo, sente tal alegria, segundo Jesus Cristo, que vende tudo o que tem para comprar o campo. As pessoas do mundo têm suas tristezas, mas não têm essa alegria que o mundo não pode dar nem tirar, diz o próprio Jesus Cristo. Os bem-aventurados sentem essa alegria sem nenhuma tristeza. E os cristãos sentem essa alegria mesclada à tristeza de terem ido atrás de outros prazeres e ao medo de a perder pela atração desses outros prazeres que nos tentam sem descanso. Assim, devemos trabalhar incessantemente para conservar esse medo, que preserva e modera nossa alegria. E, caso nos sintamos atraídos demais na direção de um dos lados, nos inclinar para o outro a fim de permanecermos em pé. Lembrai-vos dos bens nos dias de aflição, e lembrai-vos da aflição nos dias de regozijo, dizem as Escrituras, até que a promessa que Jesus Cristo nos fez de tornar sua alegria plena em nós seja cumprida. Não nos deixemos, então, abater pela tristeza, e não creiamos que a devoção consista apenas em uma amargura sem consolação. A verdadeira devoção, que não se encontra perfeita senão no céu, é tão plena de satisfações que preenche tanto o início quanto o progresso e a coroação. É uma luz tão fulgurante que incide sobre tudo o que a cerca. Se há alguma tristeza misturada a ela, sobretudo no início, é de nós que ela vem, e não da virtude, pois ela não é o efeito da devoção que começa a estar em nós, mas da impiedade que ainda resta. Removamos a impiedade e a alegria será sem mescla. Não culpemos, portanto, essa devoção, mas a nós mesmos, e não busquemos alívio a não ser para nos corrigir.

[§] O passado não nos deve perturbar, porque basta nos arrependermos de nossas faltas. Mas o futuro nos deve afetar menos ainda, porque não nos diz respeito de modo algum, e talvez jamais cheguemos lá. O presente é o único tempo que nos diz verdadeiramente respeito e devemos empregá-lo conforme a vontade de Deus. É sobretudo a ele que nossos pensamentos devem se dirigir. No entanto, o mundo está tão inquieto que não se pensa quase nunca na vida presente e no instante em que se vive, mas sim naquele em que se viverá. De forma que se está sempre vivendo no futuro e nunca agora. Nosso Senhor nos avisou para não nos preocuparmos com o que viria além do dia de hoje. Esses são os limites que precisamos manter tanto para nossa salvação quanto para nosso próprio repouso.

[§] Às vezes nos corrigimos melhor pela visão do mal do que pelo exemplo do bem, e é bom nos acostumarmos a tirar proveito do mal, já que é tão comum, ao contrário do bem, que é tão raro.

[§] No capítulo 13 de São Marcos, Jesus Cristo faz um grande discurso aos apóstolos sobre seu último advento. E, como tudo o que acontece com a Igreja acontece também a cada cristão em particular, é certo que todo esse capítulo prediz bem tanto o estado de cada pessoa que, ao se converter, destrói em si o antigo eu, quanto o estado do universo inteiro que será destruído para dar lugar ao novo céu e a uma nova terra, como dizem as Escrituras. A predição que ali está contida da ruína do templo condenado, que simboliza a ruína do ser humano condenado que está em cada um de nós, e do qual se diz que não será deixada pedra sobre pedra, assinala que não devemos conservar nenhuma paixão do ser humano antigo. E essas horríveis guerras civis e domésticas representam tão bem a perturbação interior que sentem aqueles que se entregam a Deus que nenhuma representação poderia ser melhor, etc.

[§] O Espírito Santo repousa invisivelmente nas relíquias daqueles que morreram na graça de Deus até que apareça visivelmente na ressurreição: é o que torna as relíquias dos santos tão dignas de veneração. Pois Deus não abandona nunca os seus, nem mesmo no sepulcro, onde seu corpo, embora morto aos olhos humanos, está mais vivo diante de Deus, porque o pecado não está mais lá, enquanto durante a vida ele está sempre lá, ao menos quanto à sua raiz, pois os frutos do pecado não estão sempre neles. E essa malfadada raiz, que é inseparável deles durante a vida, faz com que não seja permitido honrá-los então, já que são, ao contrário, dignos do ódio. É por isso que a morte é necessária para mortificar completamente essa malfadada raiz, e é o que a torna desejável.

[§] Os eleitos ignorarão suas virtudes e os condenados, seus crimes: "Senhor, quando foi que te vimos com fome e te demos de comer?", etc. (Mt 25.37-44), dirão uns e outros.

[§] Jesus Cristo não quis o testemunho dos demônios, nem daqueles que não tinham vocação, mas sim de Deus e de João Batista.

[§] Enquanto escrevo meu pensamento, às vezes ele me escapa, mas isso me faz lembrar de minha fraqueza, da qual me esqueço a todo momento. Essa é uma lição tão instrutiva para mim como poderia ser meu pensamento esquecido, pois meu objetivo é conhecer meu nada.

[§] Os defeitos de Montaigne são grandes. Ele usa muitas palavras licenciosas e desonestas, sem nenhum valor. Seus sentimentos sobre o homicídio voluntário e sobre a morte são horríveis. Inspira indiferença em relação à salvação, sem temor e sem arrependimento. Como seu livro não foi escrito para levar à devoção, não era obrigado a isso, mas sempre se está obrigado a dela não se desviar. Embora se possa desculpar seus sentimentos demasiadamente livres sobre vários assuntos, não seria possível desculpar, de forma alguma, seus sentimentos absolutamente pagãos sobre a morte, pois é preciso renunciar a toda devoção, se não se deseja ao menos morrer como cristão. Ora, ele só pensa em morrer covarde e indolentemente, em todo o seu livro.

[§] O que nos dificulta quando comparamos o que se passava antigamente na Igreja e o que se vê nela agora é que normalmente encaramos São Atanásio, Santa Teresa e outros santos como coroados de glória. Agora que o tempo esclareceu as coisas, isso parece verdadeiramente assim, mas, na época em que era perseguido, esse grande santo era um homem que se chamava Atanásio, e Santa Teresa, em seu tempo era uma jovem religiosa como as demais. Elias era humano como nós e sujeito às mesmas paixões que nós, diz o apóstolo São Tiago, a fim de desmentir a falsa ideia dos cristãos que os faz rejeitar o exemplo dos santos como fora de seu alcance: eram santos, dizemos, não gente como nós.

[§] Para aqueles que sentem desprezo pela religião, é preciso começar a mostrar que ela não é contrária à razão; em seguida, que ela é venerável e merecedora de respeito; depois, torná-la amável e inspirar o desejo de que seja verdadeira; mostrar, por meio de provas incontestáveis, que ela é verdadeira; revelar sua antiguidade e santidade por sua grandeza e elevação; finalmente, mostrar que ela é amável porque promete o verdadeiro bem.

[§] Uma declaração de Davi, ou de Moisés, como a de que "Deus circuncidará os corações" (Dt 30.6) nos permite avaliar seu caráter. Mesmo que todos os seus outros discursos sejam ambíguos e que seja incerto se falam como filósofos ou cristãos, uma declaração dessa natureza determina todo o resto. Até esse momento dura a ambiguidade, mas não depois.

[§] Caso alguém se engane acreditando verdadeira a religião cristã, não há grande coisa a perder. Mas que infelicidade enganar-se acreditando-a falsa!

[§] As condições mais fáceis para viver conforme o mundo são as mais difíceis para viver conforme Deus, e vice-versa. Nada é tão difícil conforme o mundo quanto a vida religiosa; nada é mais fácil do que a viver conforme Deus. Nada é mais fácil do que ter um cargo importante e grandes bens conforme o mundo; nada é mais difícil do que ter essas vantagens e viver conforme Deus e sem delas desfrutar.

[§] O Antigo Testamento continha as figuras da alegria futura, e o Novo contém os meios de lá chegar. As figuras eram de alegria, os meios são de penitência. E, não obstante, o cordeiro pascal era comido acompanhado de alfaces selvagens, *cum amaritudinibus*[7] (Êx 12.8), para indicar sempre que não se podia encontrar a alegria senão pela amargura.

[§] A palavra "Galileia", pronunciada como que por acaso pela multidão de judeus, acusando Jesus Cristo diante de Pilatos, deu motivo a Pilatos para enviar Jesus Cristo a Herodes, cumprindo assim o mistério de que ele devia ser julgado pelos judeus e os gentios. O aparente acaso foi a causa da realização do mistério.

[§] Uma pessoa me disse um dia que sentia grande alegria e confiança ao sair da confissão. Outra me disse que ficava com medo. Pensei então que o ideal seria juntarmos essas duas em uma, pois em cada uma faltava o sentimento que havia na outra.

[§] Há prazer em se estar em um barco sacudido pela tempestade enquanto se tem certeza de que ele não naufragará. As perseguições que se abatem sobre a Igreja são dessa natureza.

---

[7] "Com amargor."

[§] Como as duas fontes de nossos pecados são o orgulho e a preguiça, Deus nos revelou duas qualidades nele mesmo para os curar, a misericórdia e a justiça. A característica da justiça é abater o orgulho, e a característica da misericórdia é combater a preguiça convidando às boas obras, segundo esta passagem — "a misericórdia de Deus convida à penitência" (Rm 2.4) — e esta outra, dirigida aos ninivitas: "Façamos penitência para ver se ele terá piedade de nós" (Jn 3.9). Assim, longe de a misericórdia de Deus autorizar o relaxamento, ao contrário, é ela que mais o combate. Em vez de dizer que, se não houvesse misericórdia em Deus, seria preciso fazer todos os esforços para cumprir seus preceitos, é preciso dizer, ao contrário, que é porque há misericórdia em Deus que é preciso fazer todo o possível para os cumprir.

[§] A história da Igreja deve ser chamada, mais adequadamente, de a história da verdade.

[§] Tudo o que há no mundo é concupiscência da carne, concupiscência dos olhos ou orgulho da vida, *libido sentiendi, libido sciendi, libido dominandi*.[8] Infeliz a terra amaldiçoada que esses três rios de fogo abrasam em vez de regar. Felizes aqueles que, estando sobre esses rios não submersos, não arrastados, mas imovelmente firmes, não em pé, mas sentados em uma base baixa e segura, de onde não se levantam jamais antes da luz, mas, depois de haverem repousado em paz, estendem a mão àquele que os deve erguer, para os manter em pé e firmes nos pórticos da santa Jerusalém, onde não precisarão mais temer os ataques do orgulho, e que, apesar disso, choram, não por verem se esvair todas as coisas perecíveis, mas em lembrança de sua querida pátria, a Jerusalém celeste, pela qual suspiram sem cessar na longa duração de seu exílio.

---

[8] "Desejo de sentir, desejo de conhecer, desejo de poder" (cf. 1Jo 2.16).

[§] Um milagre, dizem, consolidaria minha crença. Falam assim quando não o veem. As razões que, vistas de longe, parecem limitar nossa visão, não a limitam mais quando nos aproximamos. Então se começa a ver além. Nada detém a volubilidade de nosso espírito. Não existe, dizem, regra que não tenha alguma exceção, nem verdade tão geral que não tenha algum lado em que falhe. Basta que ela não seja absolutamente universal para nos dar motivo para aplicar a exceção ao assunto presente e dizer: isso não é sempre verdade, portanto há casos em que não é assim. Resta apenas demonstrar que este caso é um deles, e só alguém muito inábil não será bem-sucedido.

[§] A caridade não é um preceito figurativo. É horrível dizer-se que Jesus Cristo, que veio remover as figuras para trazer a verdade, só tenha vindo para trazer a figura da caridade e para remover a realidade que existia antes.

[§] O coração tem razões que a razão desconhece. Sente-se isso em mil coisas. É o coração que sente Deus, e não a razão. Eis o que é a fé perfeita: Deus sensível ao coração.

[§] A ciência das coisas exteriores não nos consolará da ignorância da moral em tempos de aflição, mas a ciência dos costumes nos consolará sempre da ignorância das coisas exteriores.

[§] O ser humano é feito de tal maneira que, de tanto ouvir dizer que é um tolo, ele acredita nisso, e de tanto dizer isso a si mesmo, assume a mesma opinião. Pois o ser humano trava uma conversa interior consigo mesmo que é importante regrar bem, *corrumpunt bonos mores colloquia prava*.[9] É preciso se manter em silêncio tanto quanto possível e só tratar de Deus. Assim nos persuadimos a nós mesmos.

[§] Que diferença existe entre um soldado e um cartuxo quanto à obediência? Ambos se mostram igualmente obedientes e dependentes e praticam exercícios igualmente penosos.

---

[9] "As más conversações corrompem os bons costumes" (1Co 15.33).

Mas o soldado espera sempre se tornar o senhor, e não se torna nunca, pois os capitães e até os príncipes são sempre escravos e dependentes. Mas ele espera sempre a independência e se esforça sempre para a obter, enquanto o cartuxo faz voto de nunca ser independente. Eles não diferem na servidão perpétua que ambos compartilham sempre, mas na esperança que um sempre tem e que o outro nunca tem.

[§] Nossa vontade própria nunca se satisfaria se tivesse tudo o que deseja. Mas sentimo-nos satisfeitos a partir do instante em que renunciamos a ela. Com ela não podemos ficar contentes; sem ela só podemos ficar contentes.

[§] É injusto que se apeguem a nós, ainda que o façam com prazer e voluntariamente. Estaremos enganando aqueles em quem fizermos nascer esse desejo, pois não somos a finalidade de ninguém e não temos com que os satisfazer. Não estamos prestes a morrer? Desse modo, o objeto de seu apego morrerá. Assim como seríamos culpados por fazer crer em uma falsidade, mesmo que os persuadindo com suavidade. Se acreditarem com prazer e isso também nos der prazer, ainda assim somos culpados de nos fazermos amar e de atrairmos as pessoas para que se apeguem a nós. Devemos advertir os que se mostram prontos a aceitar a mentira de que não devem crer nela, por mais benefícios que isso nos traga. Da mesma forma, devemos adverti-los de que não devem se apegar a nós, pois é preciso que passem a vida agradando a Deus, ou buscando-o.

[§] É ser supersticioso ter esperança nas formalidades e nas cerimônias, mas é soberba não querer se submeter a elas.

[§] Todas as religiões e seitas do mundo tiveram a razão natural como guia. Apenas os cristãos foram obrigados a adotar regras fora de si mesmos e a se informar daquelas que Jesus Cristo deixou aos antigos para nos serem transmitidas. Há pessoas a quem essa obrigação incomoda. Elas querem ter, como os outros povos, a liberdade de seguir sua imaginação. É em vão que lhes gritamos, como os profetas faziam outrora aos judeus: *Ide ao cerne da Igreja. Informai-vos das leis que os antigos lhe deixaram e segui os seus caminhos.* Eles respondem como os judeus: *Não iremos por esse caminho. Queremos seguir os pensamentos de nosso coração e ser como os outros povos.*

[§] Há três meios de crer: a razão, o costume e a inspiração. A religião cristã, que é a única a ter a razão, não admite entre seus verdadeiros filhos aqueles que creem sem inspiração. Não que exclua a razão e o costume: ao contrário, é preciso abrir a mente às provas pela razão e confirmarmo-nos pelo costume, mas ela quer que nos entreguemos pela humilhação às inspirações, as únicas que podem provocar o verdadeiro e salutar efeito — *ne evacuetur crux Christi.*[10]

[§] Nunca se faz o mal tão plena e alegremente como quando se faz por um falso princípio de consciência.

[§] Os judeus, que foram chamados a dominar as nações e os reis, foram escravos do pecado, e os cristãos, cuja vocação foi de servir e se sujeitar, são os filhos livres.

[§] Será coragem de uma pessoa moribunda, na fraqueza e na agonia, enfrentar um Deus todo-poderoso e eterno?

[§] Creio de bom grado nas histórias cujas testemunhas se deixam degolar.

[§] O bom temor vem da fé; o falso temor vem da dúvida. O bom temor conduz à esperança, porque nasce da fé e porque depositamos esperança no Deus em quem cremos. O mau temor conduz ao desespero, porque tememos o Deus em quem não temos fé. Uns temem perdê-lo, enquanto outros temem encontrá-lo.

---

[10] "Para que se não anule a cruz de Cristo" (1Co 1.17).

[§] Salomão e Jó conheceram a miséria humana e falaram dela melhor do que ninguém. Um era o mais feliz; o outro, o mais infeliz. Um conhecia a vaidade dos prazeres por experiência; o outro, a realidade dos males.

[§] Deus não deseja que acreditemos nele sem razão e nos sujeitemos pela tirania. Mas não pretende também nos explicar a razão de todas as coisas. E, para conciliar essas contradições, se dispõe a nos mostrar claramente os sinais divinos nele, sinais que nos convençam do que ele é, e lhe confiram autoridade por maravilhas e provas que não possamos rejeitar e, em seguida, nos levem a crer sem hesitar no que nos ensina, quando não encontrarmos outra razão para as rejeitar além do fato de que não podemos saber por nós mesmos se elas são verdadeiras ou não.

[§] Não há senão três tipos de pessoas: os que servem a Deus tendo-o encontrado; outros que se esforçam para buscá-lo não o tendo ainda encontrado; e outros ainda que vivem sem o buscar e sem tê-lo encontrado. Os primeiros são sensatos e felizes. Os últimos são insensatos e infelizes. Os do meio são infelizes e sensatos.

[§] A razão age com lentidão e com tantas opiniões e princípios diferentes, que devem estar sempre presentes, que a todo o momento ela adormece ou se extravia, por não conseguir ver todos ao mesmo tempo. Não é assim com o sentimento. Ele age em um instante e sempre está pronto a agir. É preciso, então, depois de ter conhecido a verdade pela razão, esforçar-se por senti-la e gravar nossa fé no coração; de outra forma ela será sempre incerta e vacilante.

[§] É da essência de Deus que sua justiça seja infinita tanto quanto sua misericórdia. Entretanto, sua justiça e sua severidade para com os condenados são menos surpreendentes do que sua misericórdia para com os eleitos.

XXIV

Pensamentos morais

As ciências apresentam dois extremos que se tocam. O primeiro é a pura ignorância natural em que se encontram todos quando nascem. O outro extremo é aquele aonde chegam as grandes almas, que, tendo percorrido tudo o que se pode vir a saber, descobrem que nada sabem e se veem naquela mesma ignorância de onde haviam partido. Mas esta é uma ignorância esclarecida, que se conhece. Aqueles que ficam entre os dois, que saíram da ignorância natural e não conseguiram chegar ao outro extremo, têm algum verniz daquele conhecimento vão e se fazem de sábios. Esses perturbam o mundo e julgam mal todas as coisas. O povo e os hábeis moldam, geralmente, o curso do mundo. Os outros o desprezam e são desprezados.

[§] O povo honra as pessoas bem-nascidas. Os semi-hábeis as desprezam, dizendo que o nascimento não é um mérito da pessoa, mas do acaso. Os hábeis as honram, não com o mesmo pensamento do povo, mas com um pensamento mais elevado. Alguns devotos sem grande conhecimento as desprezam apesar dessa consideração que as faz serem honradas pelos hábeis, porque julgam por uma nova luz que a devoção lhes dá. Mas os cristãos perfeitos as honram por uma outra luz superior. Assim vão se sucedendo as opiniões, do a favor ao contra, segundo as luzes de cada um.

[§] A alma ama a mão, e a mão, se tivesse uma vontade, deveria se amar da mesma forma que a alma a ama. Todo amor que vai além é injusto.

Qui adhæret Domino, unus spiritus est.[1] Nós nos amamos porque somos membros do corpo do qual Jesus Cristo é a cabeça. Amamos Jesus Cristo porque ele é a cabeça do corpo do qual somos membros. Tudo é um: um está no outro. Se os pés e as mãos tivessem vontade própria, nunca estariam na sua ordem se não submetessem essa vontade própria à vontade primeira que governa o corpo inteiro. Sem isso, permanecem em desordem e infelicidade. Porém não desejando nada além do bem do corpo, realizam seu próprio bem.

[§] A concupiscência e a força são as fontes de todas as ações puramente humanas. A concupiscência faz as voluntárias; as forças, as involuntárias.

[§] Por que um coxo não nos irrita, mas uma mente claudicante nos irrita? Porque o coxo reconhece que andamos direito, enquanto a mente claudicante diz que nós é que mancamos. Se não fosse isso, teríamos mais pena do que raiva deles.

Epiteto pergunta por que não nos aborrecemos quando alguém diz que temos dor de cabeça e nos aborrecemos quando se diz que raciocinamos mal, ou que escolhemos mal. A razão disso é que temos bastante certeza de não estarmos com dor de cabeça e não sermos coxos, mas não temos tanta certeza de que escolhemos o certo. De forma que, não tendo segurança a não ser em relação ao que vemos com toda a clareza, quando um outro vê o contrário com toda a clareza, isso nos faz hesitar e nos surpreende, ainda mais quando mil outros zombam de nossa escolha. Pois é preciso preferir nossas luzes àquelas de tantos outros, e isso é ousado e difícil. Nunca há essa contradição nos sentidos no que se refere a um coxo.

---

[1] "Aquele que se une ao Senhor é um espírito com ele" (1Co 6.17).

[§] O povo tem opiniões muito sadias. Por exemplo, por escolher a diversão e a caça, em vez da poesia; os semi-sábios zombam disso e triunfam ao mostrar aí a loucura do mundo, mas, por uma razão que eles não alcançam, o povo tem razão; por distinguir as pessoas pelo exterior, como pela nobreza ou os bens. O mundo triunfa mais uma vez ao mostrar como isso é irracional. No entanto, é bastante racional.

[§] A nobreza é uma grande vantagem, pois, já aos dezoito ou vinte anos torna bem-posicionado, conhecido e respeitado alguém que, de outro modo, mereceria esse reconhecimento aos cinquenta anos. São trinta anos ganhos sem esforço.

[§] Há certas pessoas que, para mostrar que se está errado em não as estimar, não deixam nunca de invocar o exemplo de pessoas da nobreza que lhes dão importância. Tenho vontade de lhes responder: mostrai-nos o mérito pelo qual ganhastes a estima dessas pessoas e nós vos estimaremos também.

[§] As coisas a que mais damos importância, como esconder que temos poucas posses, frequentemente não são nada. É um nada que nossa imaginação amplia, transformando em montanha. Um outro esforço de imaginação faz com que descubramos isso sem dificuldade.

[§] Há vícios que só se prendem a nós por meio de outros e que, removendo-se o tronco, vão-se como galhos.

[§] Quando a malignidade tem a razão a seu lado, torna-se orgulhosa e ostenta a razão em todo o seu brilho. Quando a austeridade ou a opção por uma vida despojada não foi capaz de levar ao verdadeiro bem e é preciso voltar a seguir a natureza, ela se torna orgulhosa por esse retorno.

[§] Não é ser feliz poder se alegrar com a diversão, pois ela vem de outro lugar e de fora e, assim, é dependente e, em consequência, sujeita a ser perturbada por mil acidentes que tornam as aflições inevitáveis.

[§] Todas as boas máximas estão no mundo, só falta aplicá-las. Por exemplo, não duvidamos que seja preciso expor nossa vida para defender o bem público, e vários o fazem, mas para defender a religião, poucos.

[§] Não se passa na sociedade por hábil em versos se não se usa uma tabuleta de poeta, nem como perito em matemática se não se usa uma tabuleta de matemático. Mas as pessoas verdadeiramente de bem não querem tabuletas e não estabelecem diferença entre o ofício de poeta e o de bordador. Não são chamadas de poetas nem de geômetras, mas julgam a todos eles. Não há como adivinhar o que farão. Elas falarão do que se estava falando quando chegaram. Não se percebe nelas uma qualidade mais do que outra, a não ser quando a necessidade as faz utilizá-la, mas então iremos nos lembrar delas. É igualmente próprio desse caráter que não se diga delas que falam bem quando a linguagem não está em causa, e que se diga que falam bem quando dela se trata. É, portanto, um falso elogio quando se diz de alguém, quando entra, que é muito hábil em poesia, e é um mau sinal quando só se recorre a ele quando se trata de julgar alguns versos. O ser humano tem muitas necessidades, e só ama aqueles que as podem satisfazer. É um bom matemático, dir-se-á, mas não tenho nada a ver com a matemática. É um especialista na guerra, mas não quero fazer guerra a ninguém. É preciso, então, uma pessoa de bem que possa se adaptar a todas as nossas necessidades.

[§] Quando nos sentimos bem, não sabemos o que faríamos se estivéssemos doentes; quando ficamos doentes, tomamos o remédio alegremente; a doença nos leva a isso. Não temos mais as paixões e os desejos de diversões e passeios que a saúde inspirava e que são incompatíveis com as necessidades da doença. A natureza nos inspira, então, paixões e desejos conforme nosso estado presente. Apenas os temores inspirados em nós mesmos, e não na natureza, nos perturbam, porque acrescentam ao estado em que estamos as paixões do estado em que não estamos.

[§] Os discursos de humildade são matéria de orgulho para as pessoas gloriosas, e de humildade para os humildes. Assim, os do pirronismo e da dúvida são matéria de afirmação para os afirmativos. Poucas pessoas falam da humildade humildemente; poucos da castidade, castamente; poucos da dúvida, duvidando. Não somos senão mentira, duplicidade, contradições. Escondemo-nos e disfarçamo-nos a nós mesmos.

[§] Criador de ditos espirituosos, mau caráter.

[§] O *eu* é odioso. Assim aqueles que não o suprimem e se contentam em o encobrir são sempre odiosos. De modo algum, direis, pois, agindo como fazemos, sendo corteses com todos, não há motivo para nos odiar. Isso seria verdade se só odiássemos no *eu* o desagrado que nos causa. Mas se o odeio porque ele é injusto, e porque se faz o centro de tudo, eu o odiarei sempre. Em uma palavra, o *eu* tem duas qualidades: é injusto em si, por se fazer o centro de tudo, e é incômodo aos outros, querendo subjugá-los, pois cada *eu* é o inimigo e gostaria de ser o tirano de todos os outros. Se lhe tirardes a incomodidade, mas não a injustiça, não o tornareis assim amável àqueles que lhe odeiam a injustiça. Vós o tornais amável somente aos injustos, que deixam de ver nele seu inimigo. Assim, permaneceis injusto e só podeis agradar aos injustos.[2]

[§] Não admiro alguém que possui uma virtude de modo perfeito se não possui ao mesmo tempo, em grau semelhante, a virtude oposta. Assim era Epaminondas, que tinha o extremo valor junto com a extrema benevolência. Pois, de outro modo, não seria elevar-se, seria decair. Não se mostra grandeza ficando em uma extremidade, mas tocando nas duas ao mesmo tempo e preenchendo todo o espaço intermediário. Mas talvez não passe de um movimento súbito da alma de

---

[2] A palavra "eu" que o autor emprega nesse parágrafo não significa senão amor-próprio. É um termo que ele empregava habitualmente com alguns de seus amigos.

um a outro desses extremos e ela nunca esteja senão em um ponto, como o tição de fogo que se faz girar. Mas ao menos isso indica a agilidade da alma, se não assinala sua amplidão.

[§] Se nossa condição fosse verdadeiramente feliz, não seria preciso nos distrairmos para não pensar nela.

[§] Eu havia passado muito tempo no estudo das ciências abstratas, mas o fato de haver poucas pessoas com quem pudesse me comunicar me desagradou. Quando iniciei o estudo do ser humano, vi que as ciências abstratas não lhe são próprias e que me desviava mais de minha condição me aprofundando nelas do que os outros as ignorando, e perdoei-os por não se dedicarem a ela. Mas achei que encontraria ao menos muitos companheiros no estudo das humanidades, pois este é o estudo que lhe é próprio. Enganei-me. São ainda menos numerosos do que os que estudam a geometria.

[§] Quando tudo se move igualmente, aparentemente nada se move, como em um barco. Quando todos tendem ao desregramento, ninguém parece tender. Aquele que se detém faz com que se note o descontrole dos outros, como um ponto fixo.

[§] Quando se quer repreender de modo proveitoso e mostrar a outro que se engana, é preciso observar por que lado ele encara a coisa, pois normalmente ela é verdadeira por esse lado, e confessar-lhe que concordamos com essa verdade. Ele se contenta com isso, porque vê que não se enganou e que lhe faltava somente ver todos os lados. Ora, não sentimos vergonha de não ver tudo, mas não queremos estar enganados, e talvez isso se deva ao fato de que, naturalmente, não possamos nos enganar pelo lado que observamos, já que as percepções dos sentidos são sempre verdadeiras.

[§] A virtude de alguém não deve ser medida por seus esforços, mas pelo que ele faz cotidianamente.

[§] Os grandes e os pequenos têm os mesmos acidentes, os mesmos aborrecimentos e as mesmas paixões. Mas uns estão no alto da roda e os outros perto do centro, sendo assim menos perturbados pelos mesmos movimentos.

[§] Geralmente somos mais persuadidos pelas razões que encontramos por nós mesmos do que por aquelas que ocorrem à mente dos outros.

[§] Embora as pessoas não mostrem interesse no que dizem, não se deve concluir a partir disso, absolutamente, que não mintam, pois há pessoas que mentem simplesmente por mentir.

[§] O exemplo da castidade de Alexandre não fez tantos castos quanto seu hábito de beber fez intemperantes. Não temos vergonha de não sermos tão virtuosos quanto ele, e parece desculpável não ser mais vicioso do que ele. Acreditamos estar acima dos vícios das pessoas comuns quando nos vemos nos vícios desses grandes homens e, no entanto, não atentamos para o fato de que nisso eles são como as pessoas comuns. Sentimo-nos ligados a eles pelo ponto em que eles se ligam ao povo. Por mais alto que se situem, unem-se ao resto das pessoas por algum aspecto. Não estão suspensos no ar e separados de nossa sociedade. Se são maiores do que nós é porque têm a cabeça mais elevada, mas têm os pés tão baixos quanto os nossos. Estão todos no mesmo nível e se apoiam na mesma terra. E por essa extremidade estão tão em baixo quanto nós, quanto as crianças e os animais.

[§] É o combate que nos agrada, não a vitória. Gostamos de ver os combates dos animais, não o vencedor, implacável, sobre o vencido. O que queríamos ver, senão a vitória ao final? E, logo que ela chega, ficamos enfastiados. Assim no jogo, assim na busca da verdade. Gostamos de ver nas polêmicas o combate de opiniões, mas de contemplar a verdade encontrada, nem um pouco. Para que esta seja notada com prazer, é preciso fazê-la nascer da polêmica. O mesmo quanto às paixões: há prazer em ver duas paixões contrárias se chocarem, mas, quando uma domina, já não passa de brutalidade. Não buscamos jamais as coisas, mas a busca das coisas. Assim, nas comédias, sem o medo as cenas alegres não valem nada, nem as extremas misérias sem esperança, nem os amores brutais.

[§] Não se ensina ninguém a ser uma pessoa de bem; tudo o mais se ensina. No entanto, não há nada de que as pessoas mais se jactem do que de ser pessoas de bem. Assim, jactam-se de saber a única coisa que não aprenderam.

[§] Que projeto tolo o de Montaigne, descrever a si mesmo! E isso não de passagem e contra suas máximas, como acontece a todo o mundo que falha, mas por suas próprias máximas e por uma intenção primeira e principal, pois dizer bobagens por acaso e por fraqueza é um mal comum, mas dizê-las de propósito já não é suportável, ainda mais quando são como essas.

[§] Aqueles que vivem no desregramento dizem àqueles que vivem na ordem que são eles que se afastam da natureza, e acreditam segui-la como aqueles que estão em um barco acreditam que os que estão na margem se afastam. A linguagem é semelhante em todas as partes. É preciso ter um ponto fixo para julgá-la. O porto estabelece as regras sobre os que estão no barco. Mas onde encontraremos esse ponto na moral?

[§] Lamentar os infelizes não é contra a concupiscência; ao contrário, ficamos bem satisfeitos de poder prestar esse testemunho de humanidade e angariar uma reputação de amabilidade, sem que isso nos custe nada. Isso não é de grande valor.

[§] Quem tivesse a amizade do rei da Inglaterra, do rei da Polônia e da rainha da Suécia acreditaria que seria possível que lhe faltasse refúgio e asilo no mundo?

[§] Assim como os objetos têm qualidades diversas, a alma apresenta inclinações diversas, pois nada do que se oferece à alma é simples, e a alma nunca se oferece simples em nada. Daí resulta que às vezes se chore e se ria de uma mesma coisa.

[§] Somos tão infelizes que só conseguimos encontrar prazer em algo sob a condição de ficarmos aborrecidos se não der certo, o que pode acontecer com mil coisas e a toda hora. Quem descobrisse o segredo de se alegrar com o bem sem ser afetado pelo mal contrário teria encontrado o ponto ideal.

[§] Há diversas classes de fortes, belos, bons espíritos, e de piedosos, cada um reinando em seu domínio, não fora dele. De vez em quando eles se encontram, e o forte e o belo lutam para ver quem irá dominar o outro, tolamente, pois sua habilidade é de gênero diferente. Eles não se entendem e seu erro é querer reinar sobre tudo. Nada pode fazer isso, nem mesmo a força: esta nada pode no reino dos sábios; só tem domínio sobre as ações exteriores.

[§] *Ferox gens nullam esse vitam sine armis putat*.[3] Alguns preferem a morte à paz; outros preferem a morte à guerra. Qualquer opinião pode ser preferível à vida, o amor à qual parece tão forte e tão natural.

[§] Como é difícil propor algo ao julgamento alheio sem corromper seu julgamento pela maneira de propor! Se alguém diz: acho isso bonito, acho isso obscuro, dirige-se a imaginação para esse julgamento ou, ao contrário, a fazemos afastar-se dele. É melhor não dizer nada, porque então a pessoa julga conforme o que é, isto é, conforme o que ela é naquele momento e conforme o que as outras circunstâncias, das quais não se é o autor, lhe indiquem, a não ser que esse silêncio exerça também seu efeito conforme a direção e a interpretação que a pessoa esteja disposta a dar, ou conforme o que conjeturar a partir da expressão do rosto e do tom de voz, tão fácil é arrancar um julgamento de seu fundamento natural, ou, antes, havendo tão poucos que sejam firmes e estáveis.

---

[3] "Nação feroz, que achava que uma vida sem armas não era vida." (Tito Lívio, XXXIV, 17, citado em Montaigne, *Ensaios*, I, Capítulo XIV).

[§] Os platônicos e até Epiteto e seus seguidores acreditam que somente Deus é digno de ser amado e admirado; apesar disso, quiseram ser amados e admirados pelas pessoas. Não conhecem a corrupção humana. Se eles se sentem levados a amá-lo e a adorá-lo, e se encontram nisso sua principal alegria, que se julguem bons, excelente! Mas se sentem repugnância ao fazê-lo, se não têm nenhuma inclinação além de querer ganhar a estima dos outros e se sua única perfeição consistir em levar as pessoas, sem as forçar, a encontrar a felicidade em amá-los, eu diria que essa perfeição é horrível. Como assim? Conheceram a Deus e não desejaram unicamente que as pessoas o amassem: quiseram que elas se detivessem neles. Quiseram ser o objeto da felicidade voluntária das pessoas.

[§] Como se fez bem em distinguir as pessoas pelo exterior em vez de pelas qualidades interiores! Quem de nós dois passará primeiro? Quem cederá o lugar ao outro? O menos hábil? Mas eu sou tão hábil quanto ele. Será preciso nos batermos por isso. Ele tem quatro lacaios, e eu só tenho um. Isso é visível; basta contar. Cabe a mim ceder, e sou um tolo se o contestar. Eis-nos em paz por esse meio, o que é o maior dos bens.

[§] O tempo amortece os sofrimentos e as brigas, porque mudamos e nos tornamos outra pessoa. Nem o ofensor, nem o ofendido são mais os mesmos. É como um povo que irritamos e que reencontramos depois de duas gerações. São ainda os franceses, mas não os mesmos.

[§] É indubitável que a alma seja mortal ou imortal. Isso deve fazer uma diferença absoluta na moral. E, no entanto, os filósofos lidaram com a moral independentemente disso. Que estranha cegueira!

[§] O último ato é sempre sangrento, por mais bela que seja a comédia em todo o restante. Joga-se enfim terra sobre a cabeça, e tudo termina para sempre.

XXX

*Pensamentos sobre a morte,
extraídos de uma carta escrita pelo
sr. Pascal sobre a morte do
sr. seu pai*

Quando estamos sofrendo pela morte de alguém por quem tínhamos afeição, ou por qualquer outra infelicidade que nos aconteça, não devemos buscar consolo em nós mesmos, nem nas pessoas, nem em toda a criação; devemos buscá-lo apenas em Deus. E a razão disso é que nenhuma criatura é a causa primeira dos acidentes que chamamos de males, mas a providência de Deus, sendo sua única e verdadeira causa, árbitro e soberana, é indubitável que é preciso recorrer diretamente à fonte e remontar à origem para encontrar um alívio sólido. Se seguimos esse preceito e consideramos essa morte que nos aflige não como um efeito do acaso nem como uma necessidade fatal da natureza, nem como um joguete dos elementos e das partes que compõem o ser humano (pois Deus não abandonou seus eleitos ao capricho do acaso), mas como uma sequência inevitável, justa e santa de um decreto da providência de Deus, para ser executado na plenitude de seu tempo, se consideramos que tudo o que aconteceu foi em todos os tempos presente e preordenado em Deus. Se, digo, por um transporte da graça observarmos esse acidente não em si mesmo e fora de Deus, mas fora dele mesmo e na própria vontade de Deus, na justiça de seu decreto, na ordem de sua providência que é sua verdadeira causa, sem a qual não aconteceria, exclusivamente por meio da qual aconteceu e da maneira como aconteceu, adoraremos em silêncio humilde a elevação impenetrável de seus segredos. Veneraremos a santidade de seus decretos; abençoaremos a conduta de sua providência e, unindo nossa vontade à do próprio Deus, desejaremos com ele, nele e para ele, o mesmo que ele desejou em nós e para nós desde toda a eternidade.

[§] Não há consolação a não ser na verdade. É certo que Sêneca e Sócrates não têm nada que nos possa persuadir e consolar nessas ocasiões. Eles permaneceram no erro que cegou a todos no início; todos tomaram a morte como sendo natural ao ser humano e todos os discursos que fundaram sobre esse falso princípio são tão vãos e tão pouco sólidos que só servem para mostrar, por sua inutilidade, como o ser humano em geral é fraco, já que as mais elevadas produções dos maiores dentre eles são tão fracas e tão pueris.

Não acontece o mesmo com Jesus Cristo; não é assim nos livros canônicos. A verdade ali está a descoberto, e a consolação está também infalivelmente agregada a ela, estando infalivelmente separada do erro. Consideremos, então, a morte na verdade que o Espírito Santo nos ensinou. Temos esta admirável vantagem de saber que verdadeira e efetivamente a morte é uma punição ao pecado, imposta ao ser humano para expiar seu crime; necessária ao ser humano para o purgar do pecado; que a morte é a única que pode livrar a alma da concupiscência da carne; sem a qual os santos não vivem neste mundo. Sabemos que a vida, e a vida dos cristãos, é um sacrifício contínuo, que não termina senão pela morte; sabemos que Jesus Cristo, entrando no mundo, se considerava e se ofereceu a Deus como holocausto e como verdadeira vítima; que seu nascimento, vida, morte, ressurreição, ascensão, entronização eterna à direita do Pai e presença na Eucaristia são um único e singular sacrifício: sabemos que o que se realizou em Jesus Cristo deve se realizar em todos os seus membros.

Consideremos, então, a vida como um sacrifício, e que os acidentes da vida não causem impressão no espírito dos cristãos exceto na medida em que interrompam ou cumpram esse sacrifício. Chamemos de mal apenas o que torna o sacrifício a Deus um sacrifício ao diabo; mas chamemos de bem o que torna o sacrifício ao diabo em Adão um sacrifício a Deus e, com base nessa regra, examinemos a natureza da morte.

Para isso é preciso recorrer à pessoa de Jesus Cristo, pois, como Deus só considera as pessoas pela mediação de Jesus Cristo, as pessoas também não deveriam considerar as outras nem elas mesmas senão pela mediação de Jesus Cristo.

Se não passamos por esse caminho, só encontraremos em nós mesmos verdadeiras desgraças ou prazeres abomináveis. Porém, se consideramos todas as coisas em Jesus Cristo, encontraremos toda consolação, toda satisfação, toda edificação.

Consideremos, então, a morte em Jesus Cristo, e não sem Jesus Cristo. Sem Jesus Cristo ela é horrível, detestável, o horror da natureza. Em Jesus Cristo ela é completamente diferente: é amável, santa e a alegria do fiel. Tudo é doce em Jesus Cristo, até a morte, e isso é porque ele sofreu e morreu para santificar a morte e os sofrimentos. Enquanto Deus e enquanto ser humano ele passou por tudo o que há de grande e tudo o que há de abjeto, a fim de santificar em si todas as coisas, exceto o pecado, e para ser o modelo de todas as condições.

Para considerar o que é a morte e a morte em Jesus Cristo, é preciso ver que posição ela ocupa em seu sacrifício contínuo e sem interrupção, e para isso notar que, nos sacrifícios, a principal parte é a morte da vítima expiatória. A oblação e a santificação que precedem são disposições preliminares, mas a realização é a morte, pela qual, pela aniquilação da vida, a criatura rende a Deus toda a homenagem da qual é capaz, aniquilando-se diante dos olhos de sua majestade e adorando sua existência soberana, que subsiste sozinha essencialmente. É verdade que há ainda outra parte depois da morte da vítima, sem a qual sua morte é inútil: a aceitação do sacrifício por parte de Deus. É o que se diz nas Escrituras: *et odoratus est dominus odorem suavitatis*, "e Deus acolheu o aroma do sacrifício" (Gn 8.21). É verdadeiramente isso que coroa a oblação, mas ela é mais uma ação de Deus para a criatura do que da criatura para Deus, e a última ação da criatura continua sendo a morte.

Todas essas coisas foram cumpridas em Jesus Cristo. Quando Cristo veio ao mundo, ele se ofereceu. *Obtulit semet ipsum per Spiritum Sanctum* (Hb 9.14). *Ingrediens mundum dixit: hostiam et oblationem noluisti; tunc dixi: ecce venio: in capite libri scriptum est de me, ut faciem, Deus, voluntatem tuam* (Hb 10.5-7). "Ele ofereceu a si mesmo pelo Espírito Santo." "Entrando no mundo, ele disse: 'Senhor, os sacrifícios não vos são agradáveis, mas me destes um corpo'. Então eu disse: 'Eis-me aqui; venho conforme o que foi escrito a meu respeito no livro, para fazer, meu Deus, vossa vontade'"; e vossa lei está dentro de meu coração (Sl 37.31). Eis a sua oblação. Sua santificação seguiu-se imediatamente à sua oblação. Esse sacrifício durou toda sua vida e foi cumprido com sua morte. "Era necessário que ele passasse por esses sofrimentos para entrar em sua glória" (Lc 24.26), e "embora fosse Filho de Deus, teve de aprender a obediência" (Hb 5.8). Mas nos dias de sua carne, tendo oferecido orações e súplicas com um forte grito e com lágrimas àquele que podia salvá-lo da morte, ele foi atendido por causa de seu humilde respeito por seu Pai (Hb 5.7); e Deus o ressuscitou, e lhe enviou sua glória, simbolizada antigamente pelo fogo do céu que caía sobre as vítimas, para queimar-lhe e consumir-lhe o corpo, e o fazer viver a vida de glória. Foi o que Jesus Cristo obteve e que foi cumprido com sua ressurreição.

Assim, sendo esse sacrifício tornado perfeito com a morte de Jesus Cristo, e consumado mesmo em seu corpo por sua ressurreição, na qual a imagem da carne do pecado foi absorvida pela glória, Jesus Cristo havia cumprido tudo o que lhe cabia, e não restava nada mais senão que o sacrifício fosse aceito por Deus e que, assim como a fumaça se elevava e carregava o aroma ao trono de Deus, também Jesus Cristo fosse, nesse estado de imolação perfeita, ofertado, carregado e recebido no trono do próprio Deus, e foi isso o que se cumpriu na ascensão, na qual ele subiu, tanto por sua própria força quanto pela força do Espírito Santo, que o cercava de todos os lados. Ele foi carregado; como a fumaça das vítimas, que é a figura de Jesus Cristo, foi levado para o alto pelo ar que a sustentava, figura do Espírito Santo; e os Atos dos Apóstolos nos indicam expressamente que ele foi recebido no céu, para nos assegurar que esse santo sacrifício realizado em terra foi aceito e recebido no seio de Deus.

Eis o estado das coisas no que se refere ao nosso soberano Senhor. Consideremo-las em nós agora. Desde o instante em que entramos na Igreja, que é o mundo dos fiéis e, especialmente, dos eleitos, onde Jesus Cristo entrou desde o momento de sua encarnação por um privilégio particular ao Filho único de Deus, somos ofertados e santificados. Esse sacrifício continua ao longo da vida e cumpre-se na morte, na qual a alma, abandonando verdadeiramente todos os vícios e o amor do mundo cujo contágio a infecta sempre durante essa vida, completa sua imolação e é recebida no seio de Deus.

Não nos aflijamos, portanto, com a morte de fiéis como se fôssemos pagãos que não têm esperança. Nós não os perdemos no momento de sua morte. Nós os havíamos perdido, por assim dizer, desde que eles entraram na Igreja pelo batismo. Desde então eles pertenciam a Deus. Sua vida era devotada a Deus; suas ações não diziam respeito ao mundo senão a Deus. Em sua morte, eles se desligam completamente dos pecados, e é nesse momento que são recebidos por Deus e que seu sacrifício recebe seu cumprimento e coroamento.

Eles fizeram o que haviam prometido: completaram a obra que Deus lhes deu para fazer. Realizaram a única coisa para a qual foram criados. A vontade de Deus se realiza neles, e sua vontade é absorvida em Deus. Que nossa vontade não separe, portanto, o que Deus uniu, e vamos sufocar ou moderar, pela compreensão da verdade, os sentimentos da natureza corrompida e decaída, que só apresenta falsas imagens e que perturba, com suas ilusões, a santidade dos sentimentos que a verdade do evangelho nos deve inspirar.

Não consideremos mais, então, a morte como os pagãos a consideram, mas como os cristãos, isto é, com esperança, como São Paulo ordena, já que esse é o privilégio especial dos cristãos. Não consideremos mais o corpo como uma carniça infecta, pois a natureza enganadora a representa dessa forma, mas como o templo inviolável e eterno do Espírito Santo, como a fé nos ensina.

Pois sabemos que o corpo dos santos é habitado pelo Espírito Santo até a ressurreição, que acontecerá em virtude desse Espírito que reside neles para isso. É a opinião dos Pais. É por essa razão que honramos as relíquias dos mortos, e é sobre esse princípio verdadeiro que se colocava outrora a Eucaristia na boca dos mortos, porque, como se sabia que eles eram o templo do Espírito Santo, cria-se que merecessem estar unidos a esse santo sacramento. No entanto, a Igreja abandonou esse costume, não porque creia que o corpo não seja santo, mas pelo seguinte motivo: a Eucaristia, sendo o pão da vida e dos vivos, não deve ser dada aos mortos.

Não consideremos mais que os fiéis que morreram na graça de Deus tenham deixado de viver, embora a natureza o sugira, mas como começando a viver, como a verdade assegura. Não consideremos mais sua alma como morta e reduzida ao nada, mas como vivificada e unida ao soberano vivo, e corrijamos assim, pela atenção a essas verdades, os erros que estão tão gravados em nós mesmos, e aqueles sentimentos de horror que são tão naturais ao ser humano.

[§] Deus criou o ser humano com dois amores, um por Deus, outro por si mesmo, mas com a lei de que o amor por Deus seria infinito, isto é, sem nenhum outro fim além do próprio Deus, e que o amor por si mesmo seria finito e relacionado a Deus.

O ser humano nesse estado não apenas se amava sem pecado como só podia se amar sem pecado.

Desde então, depois do pecado original, o ser humano perdeu o primeiro desses amores, e o amor por si mesmo, tendo ficado sozinho nessa grande alma capaz de um amor infinito, esse amor-próprio se estendeu e transbordou no vazio que o amor de Deus havia deixado. Assim, ele ama apenas a si mesmo e a todas as coisas para si mesmo, isto é, infinitamente.

Eis a origem do amor-próprio. Ele era natural em Adão, e justo em sua inocência, mas se tornou criminoso e imoderado depois de seu pecado.

Eis a fonte desse amor, e a causa de sua imperfeição e seu excesso.

O mesmo acontece com o desejo de dominar, a preguiça e outros. É fácil aplicar isso à questão do horror que temos da morte. Esse horror era natural e justo no inocente Adão, porque, sendo sua vida muito agradável a Deus, ela devia ser agradável ao ser humano, e a morte era horrível pelo fato de dar fim a uma vida conforme a vontade de Deus. Desde então, tendo o ser humano pecado, sua vida se tornou corrompida, seu corpo e sua alma inimigos um do outro, e todos os dois de Deus.

Essa mudança, tendo infectado uma vida tão santa, o amor à vida, não obstante, perdurou, o horror à morte sendo igualmente sentido, o que era justo em Adão é injusto em nós.

Eis a origem do horror à morte e a causa de sua imperfeição. Iluminemos então o erro da natureza pela luz da fé.

O horror à morte é natural, mas em estado de inocência, porque não seria possível entrar no Paraíso senão pondo fim a uma vida toda pura. Era justo odiar a morte quando ela só podia acontecer separando uma alma santa de um corpo santo, mas é justo a amar quando ela separa uma alma santa de um corpo impuro. Era justo fugir dela quando rompia a paz entre a alma e o corpo, mas não quando ela acalma o conflito irreconciliável entre eles. Em suma, quando ela afligia um corpo inocente, quando tirava ao corpo a liberdade de honrar a Deus, quando separava da alma um corpo submisso a sua vontade e que cooperava com ela; quando finalizava todo o bem do qual o ser humano é capaz, era justo aboministrá-la, mas, quando ela põe fim a uma vida impura, quando tira ao corpo a liberdade de pecar, quando liberta a alma de um rebelde extremamente poderoso que contradiz todos os motivos de sua salvação, é muito injusto conservar os mesmos sentimentos por ela.

Não abandonemos, portanto, esse amor que a natureza nos deu pela vida, pois o recebemos de Deus, mas que esse amor seja pela mesma vida que Deus nos deu, e não por um objeto contrário.

E, consentindo com o amor que Adão sentia por sua vida inocente, e que o próprio Jesus Cristo sentiu pela sua, odiemos uma vida contrária àquela que Jesus Cristo amou, e só temamos a morte que Jesus Cristo temeu, que ocorre a um corpo agradável a Deus, mas não temamos uma morte que, punindo um corpo culpado e purgando um corpo vicioso, deve nos despertar sentimentos totalmente contrários, se temos um pouco de fé, esperança e caridade.

Um dos grandes princípios do cristianismo é que tudo o que aconteceu com Jesus Cristo deve se passar tanto na alma quanto no corpo de cada cristão; que, como Jesus Cristo sofreu durante sua vida mortal, ressuscitou para uma nova vida e subiu aos céus, onde está sentado à direita de Deus Pai, assim o corpo e a alma devem sofrer, morrer, ressuscitar e subir aos céus.

Todas essas coisas se cumprem durante essa vida na alma, mas não no corpo.

A alma sofre e morre para o pecado na penitência e no batismo. A alma ressuscita para uma nova vida nos sacramentos. E, enfim, a alma deixa a terra e sobe aos céus levando uma vida celestial, o que faz com que São Paulo diga: *Conversatio nostra in cælis est*.[1]

Nenhuma dessas coisas acontece com o corpo durante essa vida, mas as mesmas coisas se passam com ele em seguida.

Pois com a morte o corpo morre para sua vida mortal; no Juízo ele ressuscitará para uma nova vida; após o Juízo ele subirá aos céus e lá permanecerá eternamente.

Assim, as mesmas coisas acontecem com o corpo e com a alma, mas em diferentes tempos, e as mudanças do corpo só acontecem quando aquelas da alma estão cumpridas, ou seja, depois da morte, de forma que a morte é o coroamento da beatitude da alma e o começo da beatitude do corpo.

Eis os admiráveis caminhos da sabedoria de Deus para a salvação das almas. Sobre esse tema, Santo Agostinho nos ensina que Deus dispôs tudo dessa forma temendo que, se o corpo morresse e ressuscitasse para sempre no batismo, as pessoas só obedeceriam ao evangelho pelo amor à vida, enquanto a grandeza da fé reluz bem mais quando busca a imortalidade pelas sombras da morte.

---

[1] "Nossa conversa é no céu" (Fp 3.20).

[§] Não é justo que nos comportemos como anjos, que não têm nenhum sentimento da natureza, e não tenhamos ressentimento e dor nas aflições e acidentes lamentáveis que nos acontecem. Não é justo também que fiquemos sem consolação como os pagãos, que não têm nenhum sentimento da graça, mas é justo que nos sintamos aflitos e consolados como cristãos, e que a consolação da graça supere os sentimentos da natureza, a fim de que a graça não apenas esteja em nós, mas seja vitoriosa em nós, para que, assim, santificando o nome de nosso Pai, sua vontade se torne a nossa e sua graça reine e domine sobre a natureza, e nossas aflições sejam como a matéria de um sacrifício que sua graça consome e aniquila para a glória de Deus, e que esses sacrifícios individuais honrem e precedam o sacrifício universal, em que a natureza inteira deve ser consumida pelo poder de Jesus Cristo.

Assim, tiraremos vantagem de nossas próprias imperfeições, pois elas servirão de matéria para esse holocausto, porque o objetivo dos verdadeiros cristãos é se aproveitar de suas próprias imperfeições, já que todas as coisas cooperam para o bem dos eleitos.

E, se prestarmos atenção, encontraremos grandes auxílios para nossa edificação considerando a coisa como é na verdade, pois, sendo verdade que a morte do corpo é apenas a imagem daquela da alma, e que construímos sobre esse princípio, de que temos razão para esperar a salvação daqueles cuja morte choramos, é certo que, se não podemos deter o curso de nossa tristeza e de nosso sofrimento, devemos ao menos nos aproveitar desse auxílio, pois, sendo a morte do corpo é tão terrível que nos provoca tais emoções, a morte da alma deveria nos causar sentimentos ainda mais inconsoláveis. Deus enviou a primeira àqueles cuja perda lamentamos; esperamos que ele evite a segunda. Consideremos, então, a grandeza de nossos bens na grandeza de nossos males, e que o excesso de nossa dor seja a medida daquela de nossa alegria.

Não há nada que a possa moderar, exceto o medo de que suas almas se mortifiquem por algum tempo nos sofrimentos que são destinados a purgar o resto dos pecados dessa vida, e devemos nos esforçar para acalmar a cólera de Deus para com eles.

A oração e os sacrifícios são um remédio soberano para seus sofrimentos. Mas uma das mais sólidas e mais úteis caridades para com os mortos é fazer aquilo que eles nos mandariam fazer se estivessem ainda no mundo, e colocarmo-nos, por eles, no estado em que eles desejariam que estivéssemos no presente.

Por meio dessa prática, nós os fazemos reviver em nós de certa forma, pois são seus conselhos que ainda estão vivos e agindo em nós. E, como os heresiarcas são punidos na outra vida pelos pecados a que levaram seus seguidores, nos quais seu veneno ainda vive, assim também os mortos são recompensados, além de por seus próprios méritos, pelos méritos daqueles que foram influenciados por seus conselhos e exemplo.

[§] O ser humano é certamente fraco demais para poder julgar de modo confiável o que virá no futuro. Esperemos então em Deus, e não nos fatiguemos por previsões intempestivas e temerárias. Recorramos a Deus para nos orientar em nossas vidas, e que o sofrimento não nos domine.

Santo Agostinho nos ensina que existe, dentro de cada pessoa, uma serpente, uma Eva e um Adão. A serpente são os sentidos e nossa natureza; Eva é o apetite concupiscível e Adão é a razão.

A natureza nos tenta continuamente: o apetite concupiscível muitas vezes suscita desejos, mas o pecado não é consumado se a razão não consente.

Deixemos então agir essa serpente e essa Eva, se não as podemos impedir, mas oremos a Deus para que sua graça fortifique de tal modo nosso Adão que ele continue vitorioso, que Jesus Cristo seja vencedor e que reine eternamente em nós.

XXXI

Pensamentos diversos

À medida que nosso entendimento se aperfeiçoa, descobrimos que há mais pessoas originais. As pessoas comuns não encontram diferenças entre os seres humanos.

[§] Pode-se ter bom senso e não o aplicar igualmente em todas as questões, pois há alguns que têm bom senso em certa ordem de coisas e se confundem nas demais. Alguns extraem bem as consequências de poucos princípios. Outros extraem bem as consequências de coisas em que há muitos princípios. Por exemplo, uns compreendem bem os efeitos da água, em que há poucos princípios, mas cujas consequências são tão sutis que apenas um grande poder de penetração pode alcançar, e estes talvez não seriam grandes geômetras, porque a geometria abrange um grande número de princípios; e certos tipos de intelecto podem ser tais que consigam penetrar bem e até o fundo apenas alguns poucos princípios e não consigam penetrar nas coisas em que há muitos princípios.

Há, portanto, dois tipos de mente: uma que penetra de modo vivo e profundo nas consequências dos princípios, que é a mente justa, e outra que compreende um grande número de princípios sem os confundir, que é a mente geométrica. Uma consiste na força e exatidão, a outra na amplidão do pensamento. E uma pode existir sem a outra; a mente pode ser forte, mas estreita, e pode também ser ampla, mas fraca.

Há muita diferença entre a mente geométrica e a mente sutil. Na primeira os princípios são palpáveis, mas distanciados do uso comum, de forma que temos dificuldade em virar a cabeça para esse lado, por falta de hábito, mas, mesmo que viremos só um pouco, vemos plenamente os princípios, e seria preciso termos uma mente totalmente equivocada para raciocinar mal sobre princípios tão evidentes que é quase impossível que nos escapem.

Mas na mente sutil os princípios são de uso comum e estão diante dos olhos de todo o mundo. Não há por que virar a cabeça nem se esforçar. Trata-se apenas de ter boa visão, mas é preciso que seja boa, pois os princípios são tão desconexos e em tão grande número que é quase impossível que não nos escapem. Ora, a omissão de um princípio conduz ao erro. Assim, é preciso ter a visão bem nítida para ver todos os princípios e, além disso, a mente justa, para não raciocinar erradamente sobre os princípios conhecidos.

Portanto, todos os geômetras seriam sutis se tivessem boa visão, pois não raciocinam erradamente sobre os princípios que conhecem, e as pessoas de mente sutil seriam geômetras se pudessem dirigir a visão para os princípios incomuns da geometria.

O que faz, então, que certas mentes sutis não sejam geômetras é que elas não conseguem, de forma alguma, voltar-se para os princípios da geometria. Mas o que faz com que alguns geômetras não sejam sutis é que não veem o que está diante deles e, estando acostumados aos princípios nítidos e concretos da geometria e a só raciocinar depois de terem visto bem e manejado seus princípios, perdem-se nas sutilezas, pois os princípios não se deixam manejar assim. Não é fácil vê-los, é mais fácil percebê-los do que vê-los. É preciso um esforço infinito para fazer com que aqueles que não os percebem o façam por eles mesmos. São coisas tão delicadas e tão numerosas que é preciso um sentido muito delicado e preciso para as perceber, e frequentemente não se consegue demonstrá-los em ordem, como na geometria, pelo fato de que seus princípios não se apresentam dessa forma e esse seria um processo infinito. É preciso ver a coisa de um único lance de olhos e não pelo progresso do raciocínio, pelo menos até certo ponto. Assim, é raro que os geômetras sejam sutis e que os sutis sejam geômetras, porque os geômetras querem tratar geometricamente as coisas sutis e se tornam ridículos, querendo começar pelas definições e em seguida passar aos princípios, o que não é a maneira de agir nesse tipo de raciocínio. Não é que a mente não o faça, mas ela o faz de modo tácito, naturalmente e sem arte, pois sua expressão está além da capacidade dos seres humanos e seu sentimento só pertence a uns poucos.

As mentes sutis, ao contrário, tendo assim se acostumado a julgar de um só golpe de vista, ficam tão espantadas quando se lhes apresentam proposições de que nada compreendem e nas quais, para penetrar, é preciso passar por definições e princípios estéreis que não estão acostumadas a ver assim em detalhe, que as rejeitam e se aborrecem. Mas as mentes falsas não são jamais nem sutis nem geômetras.

Os geômetras que são apenas geômetras têm, então, mentes retas, mas, desde que se lhes explique bem todas as coisas por definições e por princípios; de outra forma, são falsos e insuportáveis, pois são retos apenas em relação aos princípios bem esclarecidos. E os sutis que são apenas sutis não conseguem ter a paciência de descer até os primeiros princípios das coisas especulativas e de imaginação, que nunca viram no mundo e que se encontram fora de uso.

[§] É mais fácil suportar a morte sem se pensar nela do que suportar o pensamento da morte sem perigo.

[§] Frequentemente escolhemos exemplos para provar certas coisas que são tais que poderíamos tomar essas coisas para provar os exemplos, o que não deixa de exercer efeito, pois, como sempre acreditamos que a dificuldade é o que queremos provar, achamos os exemplos mais claros. Assim, quando queremos demonstrar algo geral, devemos dar a regra particular de um caso. Mas, se queremos demonstrar um caso particular, começamos pela regra geral. Achamos sempre obscuro o que queremos provar, e claro o que empregamos para prová-lo, pois, quando nos propomos provar algo, de início somos tomados pela imaginação de que esse algo é obscuro e, ao contrário, que aquilo que o deve provar é claro e, assim, facilmente compreensível.

[§] Supomos que todos entendem e sentem da mesma maneira os objetos que se apresentam a eles, mas o supomos gratuitamente, pois não temos nenhuma prova disso. Bem vejo que aplicamos as mesmas palavras nas mesmas ocasiões e que todas as vezes que duas pessoas veem, por exemplo, a neve, experimentam ambas a visão desse mesmo objeto pelas mesmas palavras, dizendo uma à outra que ela é branca, e dessa conformidade de expressão derivamos uma poderosa conjectura de uma conformidade de ideias, mas isso não é absolutamente convincente, mesmo que haja boas razões para apostarmos que é assim.

[§] Todo o nosso raciocínio se reduz a ceder ao sentimento. Mas a fantasia é semelhante e contrária ao sentimento; semelhante porque não raciocina; contrária porque é falsa, de forma que é bem difícil distinguir entre esses contrários. Um diz que meu sentimento é fantasia e que sua fantasia é sentimento, e eu digo o mesmo de minha parte. Seria necessário ter uma regra. A razão se oferece, mas ela é flexível em todos os sentidos. Assim, não há regra.

[§] Aqueles que julgam uma obra pela regra são, em relação aos outros, como aqueles que têm um relógio em relação aos que não têm. Um diz: "Faz duas horas que estamos aqui". O outro diz: "Faz apenas três quartos de hora". Olho para meu relógio e digo a um: "Você está entediado". E ao outro: "O tempo passa depressa para você". Porque faz uma hora e meia, e eu zombo daqueles que dizem que o tempo custa a passar para mim e que meu julgamento se baseia em uma fantasia. Eles não sabem que julgo pelo meu relógio.

[§] Há quem fale bem e não escreva tão bem. É que o local, a plateia, etc., os estimula e extrai de seu espírito mais do que eles encontrariam ali sem esse estímulo.

[§] É um grande mal seguir a exceção e não a regra. É preciso ser severo e contrário à exceção. No entanto, como é certo que há exceções à regra, é preciso julgar esses casos severamente, mas justamente.

[§] É verdadeiro em certo sentido dizer que todo o mundo vive na ilusão, pois, ainda que as opiniões do povo sejam sadias, elas não o são em sua cabeça, porque o povo crê que a verdade está onde não está. A verdade está em suas opiniões, mas não no ponto em que se imagina.

[§] Aqueles que são capazes de inventar são raros. Aqueles que não inventam são em maior número e, em consequência, os mais fortes. E percebe-se que, geralmente, eles se recusam a dar aos inventores a glória que eles merecem e que buscam com suas invenções. Se estes se obstinarem em querer obtê-la e a tratar com desprezo aqueles que não inventam, tudo o que ganharão será que aqueles os chamarão por nomes ridículos e os tratarão como fantasistas. É preciso, então, que cuidem para não se jactar dessa vantagem, por maior que seja, e que se contentem em ser estimados pelo pequeno número daqueles que conhecem o preço dela.

[§] O intelecto crê naturalmente, e a vontade ama naturalmente. De forma que, na falta de objetivos verdadeiros, irão necessariamente se apegar aos falsos.

[§] Várias coisas certas são contraditas; diversas passam sem contradição. Nem a contradição é sinal de falsidade, nem a falta de contradição é sinal de verdade.

[§] César era velho demais, parece-me, para brincar de conquistar o mundo. Essa brincadeira era boa para Alexandre, que era um jovem a quem era difícil de deter, mas César devia se comportar de modo mais maduro.

[§] Todo o mundo vê o quanto as pessoas trabalham na incerteza: no mar, nas batalhas, etc. Mas nem todo o mundo vê a regra dos partidos, que demonstra que se deve fazê-lo. Montaigne viu que uma mente claudicante nos ofende, e que o hábito pode tudo. Mas não viu a razão desse efeito. Aqueles que só veem os efeitos e não veem as causas são, em relação àqueles que descobrem as causas, como aqueles que não têm senão olhos em relação àqueles que têm o intelecto. Pois os efeitos são como que sensíveis, mas as razões são visíveis somente pelo intelecto. E, embora seja pelo intelecto que esses efeitos são vistos, esse intelecto é, em relação ao intelecto que vê as causas, como os sentidos corporais em relação ao intelecto.

[§] O sentimento da falsidade dos prazeres presentes e a ignorância da vaidade dos prazeres ausentes causam a inconstância.

[§] Se sonhássemos todas as noites com a mesma coisa, talvez ela nos afetasse tanto quanto os objetos que vemos todos os dias. E se um artesão estivesse certo de que sonharia todas as noites, durante doze horas, que era rei, creio que ele seria quase tão feliz quanto um rei que sonhasse todas as noites, durante doze horas, que era artesão. Se sonhássemos todas as noites que estamos sendo perseguidos por inimigos e perturbados por esses fantasmas incômodos, e passássemos todos os dias em ocupações diversas, como quando se faz uma viagem, sofreríamos quase tanto quanto se isso fosse verdade, e teríamos receio de dormir, como receamos acordar quando tememos entrar de fato em tais infortúnios. E, realmente, isso traria mais ou menos os mesmos males que a realidade. Mas, porque os sonhos são todos diferentes e se diversificam, o que neles vemos nos afeta bem menos do que o que vemos em vigília, por causa da continuidade, que não é, entretanto, tão contínua e igual que não mude também, mas menos bruscamente, se não raramente, como quando se viaja. Então se diz, "parece que estou sonhando", pois a vida é um sonho um pouco menos inconstante.

[§] Os príncipes e os reis brincam de vez em quando. Não estão sempre em seus tronos, pois se entediariam. A grandeza precisa ser abandonada para ser sentida.

[§] É divertido considerar que há pessoas no mundo que, tendo renunciado a todas as leis de Deus e da natureza, fizeram elas mesmas as leis a que obedecem estritamente, como, por exemplo os ladrões, etc.

[§] Esses grandes esforços do espírito, em que a alma às vezes toca, são coisas em que ela não se detém. Ela apenas salta até elas, para logo voltar a cair.

[§] Desde que se conheça a paixão dominante de alguém, tem-se a certeza de lhe agradar. Entretanto, todos têm fantasias contrárias ao seu próprio bem, até na própria ideia que fazem do bem, e essa é uma excentricidade que desconcerta aqueles que desejam ganhar-lhe a afeição.

[§] Da mesma forma que se arruína o intelecto, arruína-se também o sentimento. O intelecto e o sentimento se formam por meio de conversas. Assim as boas ou as más conversas o formam ou o arruínam. É importante, então, saber escolher bem, para que o intelecto se forme e não se arruíne, mas não saberemos fazer essa escolha se já não o tivermos formado sem arruiná-lo. Desse modo, cria-se um círculo, do qual são felizes aqueles que conseguem sair.

[§] Acreditamos, naturalmente, que somos bem mais capazes de chegar ao centro das coisas do que de abraçar sua circunferência. A extensão visível do mundo nos excede claramente. Entretanto, como somos nós que excedemos as pequenas coisas, acreditamo-nos mais capazes de as dominar. E, contudo, não é preciso menos capacidade para chegar ao nada do que para chegar ao todo. Precisamos de uma capacidade infinita em ambos os casos, e parece-me que, quem tivesse compreendido os últimos princípios das coisas, poderia também chegar a conhecer o infinito. Um depende do outro, e um conduz ao outro. Os extremos se tocam e se unem de tanto se afastarem, e se reencontram em Deus, e em Deus somente.

Se o ser humano começasse estudando a si mesmo, veria o quanto é incapaz de ir mais além. Como poderia uma parte conhecer o todo? Ele aspirará talvez a conhecer ao menos as partes com as quais tem alguma relação. Mas as partes do mundo estão todas de tal forma relacionadas, e em tal encadeamento uma com a outra, que acredito ser impossível conhecer uma sem a outra e sem o todo.

O ser humano, por exemplo, está ligado a tudo o que conhece. Tem necessidade de um espaço que o contenha, de tempo para durar, de movimento para viver, de elementos para o compor, de calor e alimentos para se nutrir, de ar para respirar. Ele vê a luz, sente os corpos. Em suma, está em aliança com tudo.

Portanto, para conhecer o ser humano é preciso saber por que ele necessita de ar para sobreviver. E, para conhecer o ar, é preciso saber como ele apresenta essa relação com a vida do ser humano.

A chama não subsiste sem o ar. Assim, para conhecer um é preciso conhecer o outro.

Desse modo, sendo todas as coisas causadas e causadoras, auxiliadas e auxiliadoras, mediatamente e imediatamente, e estando todas interligadas por um elo natural e imperceptível que une os mais distantes e os mais diferentes, considero impossível conhecer as partes sem conhecer o todo, tanto quanto conhecer o todo sem conhecer as partes individualmente.

E o que talvez complete nossa incapacidade de conhecer as coisas é que elas são simples em si mesmas, enquanto nós somos compostos de duas naturezas opostas e de tipos diferentes, de alma e de corpo. Pois é impossível que a parte que raciocina em nós seja algo que não espiritual. E quando se julga que somos simplesmente corporais, isso nos exclui ainda mais do conhecimento das coisas, pois não há nada tão inconcebível quanto dizer que a matéria possa conhecer a si mesma.

É essa composição de espírito e corpo que levou quase todos os filósofos a confundir as ideias das coisas, e atribuir ao corpo o que pertence unicamente ao espírito, e ao espírito o que não pode convir senão ao corpo. Assim eles declaram, com ousadia, que os corpos tendem ao inferior, que aspiram ao centro, que fogem da destruição, que temem o vazio, que possuem tendências, simpatias, antipatias; todas as qualidades que só pertencem aos espíritos. E, falando dos espíritos, consideram que ocupam um lugar e lhes atribuem o movimento de um lugar a outro, que são qualidades que só pertencem ao corpo, e assim por diante.

Em vez de receber as ideias das coisas em nós, nós tingimos com as qualidades de nosso ser composto todas as coisas simples que contemplamos.

Quem não acreditaria, vendo-nos compor todas as coisas com espírito e corpo, que essa mistura nos é bem compreensível? No entanto, é o que menos compreendemos.

O ser humano é em si mesmo o mais prodigioso objeto da natureza, pois não consegue conceber o que é o corpo e menos ainda o que é o espírito e, menos do que tudo, como um corpo pode estar unido a um espírito. Eis aí o cúmulo de suas dificuldades e, entretanto, esse é seu próprio ser. *Modus quo corporibus adhæret spiritus comprehendi ab hominibus non potest, e hoc tamen homo est.*[1]

[§] Quando, entre as coisas da natureza, cujo conhecimento não nos é necessário, existem algumas das quais não conhecemos a verdade, talvez não seja ruim que haja um erro comum que fixe a mente das pessoas, como, por exemplo, a lua, à qual se atribui as mudanças das estações, a evolução das doenças, etc. Pois uma das principais doenças da humanidade é ter uma curiosidade inquieta sobre as coisas que não consegue entender. Pergunto-me se não é um mal menor permanecer no erro sobre coisas desse tipo do que nessa curiosidade inútil.

[§] Nossa imaginação nos amplia tanto o tempo presente, pelo fato de refletirmos continuamente sobre ele, e enfraquece tanto a eternidade, por não refletirmos sobre ela, que fazemos da eternidade um nada, e do nada uma eternidade. E tudo isso tem raízes tão vivas em nós que nem toda a nossa razão consegue nos impedir de agir assim.

[§] "Este cão é meu", diziam aquelas pobres crianças. "Este é meu lugar ao sol." Eis o começo e a imagem da usurpação de toda a terra.

[§] O intelecto tem seu método, baseado em princípios e demonstrações; o coração tem outro. Não se prova que se é digno de amor expondo-se metodicamente as causas do amor. Isso seria ridículo.

---

[1] "A maneira pela qual o espírito se une ao corpo não pode ser compreendida pelo ser humano e, não obstante, é assim que é o ser humano" (Agostinho, *Cidade de Deus*, XXI, 10).

Jesus Cristo e São Paulo seguiram muito mais esse método do coração, que é a caridade, do que o do intelecto, pois seu objetivo principal não era instruir, mas inflamar. Santo Agostinho também. Esse método consiste principalmente na digressão sobre cada ponto, que se relaciona com o fim, para mantê-lo sempre em vista.

[§] Geralmente imaginamos Platão e Aristóteles trajando grandes túnicas, e como personagens sempre graves e sérios. Eram boa gente e, como todos, davam boas risadas com os amigos. E quando redigiam leis e tratados de política, faziam-no para se divertir e se distrair. Essa era a parte menos filosófica e menos séria de sua vida. A mais filosófica era viver simples e tranquilamente.

[§] Há quem mascare toda a natureza. Não existe rei entre eles, mas um "augusto monarca"; nada de Paris, mas "a capital do reino".

[§] Quando, em um discurso, encontram-se palavras repetidas e, ao tentar corrigi-las, descobre-se que são tão adequadas que, se as removêssemos, o discurso se arruinaria, é preciso deixá-las, já que essa é sua marca. Apenas a inveja, que é cega, não sabe que essa repetição não é um erro nessa passagem, pois não há regra geral.

[§] Aqueles que fazem antíteses forçando as palavras são como aqueles que fazem janelas falsas por causa da simetria. Sua regra não é falar corretamente, mas criar figuras corretas.

[§] Há um modelo de harmonia e beleza que consiste em certa relação entre nossa natureza tal como ela é, seja fraca ou forte, e a coisa que nos agrada. Tudo o que é feito a partir desse modelo nos agrada, casa, canção, discurso, verso, prosa, mulheres, pássaros, rios, árvores, quartos, roupas. Tudo o que não é feito a partir desse modelo desagrada àqueles de bom gosto.

[§] Assim como se fala em beleza poética, dever-se-ia falar também em beleza geométrica e beleza medicinal. No entanto, não se fala, e a razão disso é que se sabe bem qual é o objeto da geometria e qual é o objeto da medicina, mas não se sabe em que consiste o atrativo que é o objeto da poesia. Não se sabe qual é esse modelo natural que é preciso imitar e, na falta desse conhecimento, foram inventados certos termos bizarros: "século de ouro", "maravilha de nossos dias", "fatal laurel", "bela estrela", etc., e chama-se esse jargão de beleza poética. Mas quem imaginar uma mulher vestida conforme esse modelo, verá uma linda senhorita toda coberta de espelhos e de correntes de latão e, em vez de achá-la adorável, não conseguirá conter o riso, porque sabemos melhor em que consiste o atrativo de uma mulher do que o de um verso. Mas os que não soubessem talvez a admirassem com esses adornos e há muitas aldeias onde a tomariam por uma rainha, motivo pelo qual alguns chamam os sonetos feitos com base nesse modelo de rainhas da aldeia.

[§] Quando um discurso natural retrata uma paixão ou um efeito, encontramos em nós mesmos a verdade do que escutamos, que estava ali sem que soubéssemos, e sentimo-nos levados a amar aquele que nos fez sentir assim, porque este não nos mostrou o seu bem, mas o nosso. E essa bondade o torna amável para nós. Além disso, essa comunhão de inteligência que temos com ele induz necessariamente nosso coração a amá-lo.

[§] É preciso que haja na eloquência algo de agradável e algo de real, mas é preciso que esse agradável seja real.

[§] Quando vemos um estilo natural, ficamos espantados e encantados, pois esperávamos ver um autor e encontramos uma pessoa. Ao contrário das pessoas de bom gosto, que, vendo um livro acreditam encontrar uma pessoa e ficam muito surpresos ao encontrar um autor: *plus poetice quam humane locutus est*.[2] Muito honram a natureza aqueles que lhe ensinam que ela pode falar de tudo, até de teologia.

[§] No discurso, não se deve deixar a mente vagar de uma coisa a outra senão para a repousar, mas no momento em que isso for adequado e não em outro, pois quem quer fazer o leitor repousar fora de hora, cansa-o. Ele desanima e abandona tudo, a tal ponto é difícil obter algo do ser humano senão pelo prazer, que é a moeda de troca pela qual damos tudo o que se quer.

[§] O ser humano ama a malignidade, mas não contra os infelizes, e sim contra os felizes soberbos. E quem julga de modo diferente se engana.

[§] O epigrama de Marcial sobre os caolhos não tem qualquer valor, porque não os consola e não faz nada além de acrescentar pontos à glória do autor. Tudo o que serve apenas ao autor não vale nada. *Ambitiosa recidet ornamenta*.[3] É preciso agradar àqueles que têm sentimentos humanos e ternos, e não às almas bárbaras e desumanas.

---

[2] Pascal cita o *Satyricon* de Petrônio: "Falaste como poeta, mais do que como homem" (N. da T.).

[3] "Ele eliminará os ornamentos ambiciosos" (Horácio, *Arte Poética*, 447).

XXXII

Oração
*Para pedir a Deus o bom uso
das doenças*

I

Senhor, cujo espírito é tão bom e tão doce em todas coisas, e que sois tão misericordioso que, não apenas os acontecimentos prósperos, mas até os infortúnios que advêm a vossos eleitos são os efeitos de vossa misericórdia, concedei-me a graça de não agir como um pagão no estado a que vossa justiça me reduziu; que, como um verdadeiro cristão, eu vos reconheça como meu Pai e meu Deus, em qualquer estado em que me encontre, pois a mudança em minha condição não afeta a vossa. Sois o mesmo, ainda que eu seja sujeito a mudanças. Não sois menos Deus quando afligis e punis do que quando consolais e usais de indulgência.

II

Vós me destes saúde para vos servir, e eu a usei de modo totalmente profano. Agora me enviastes a doença para me corrigir: não permitais que eu a use para vos irritar com minha impaciência. Usei mal minha saúde, e vós me punistes justamente. Não tolereis que eu use mal vossa punição. E, já que a corrupção de minha natureza é tal que me torna vossos favores perniciosos, fazei, ó meu Deus, com que vossa graça onipotente me torne vossos castigos salutares. Se meu coração esteve pleno de afeição ao mundo enquanto tive algum vigor, aniquilai esse vigor para minha salvação e tornai-me incapaz de desfrutar do mundo, seja por fraqueza do corpo, seja por zelo da caridade, para desfrutar unicamente de vós.

III

Ó Deus, diante de quem devo prestar conta exata de minhas ações ao fim de minha vida e ao fim do mundo! Ó Deus, que só deixais subsistir o mundo e todas as coisas do mundo para pôr à prova vossos eleitos ou para punir os pecadores! Ó Deus, que deixais os pecadores impenitentes no uso delicioso e criminoso do mundo! Ó Deus, que fazeis morrer nosso corpo e que, na hora da morte, separais nossa alma de tudo o que ela amava no mundo! Ó Deus, que me arrancareis, nesse último momento de minha vida, todas as coisas às quais me apeguei e às quais entreguei meu coração! Ó Deus, que deveis consumar no último dia o céu e a terra, e todas as criaturas que eles contêm, para mostrar a todos que nada subsiste fora de vós e que, assim, nada é digno de amor senão vós, já que nada é durável senão vós! Ó Deus, que deveis destruir todos esses ídolos vãos e todos esses objetos funestos de nossas paixões! Eu vos louvo, meu Deus, e vos bendirei todos os dias de minha vida, porque vos agradou antecipar em meu favor esse dia terrível, destruindo, para mim, todas as coisas, na fraqueza a que me reduzistes. Eu vos louvo, meu Deus, e vos bendirei todos os dias de minha vida, porque vos agradou reduzir-me à incapacidade de desfrutar das doçuras da saúde e dos prazeres do mundo, e porque aniquilastes, de alguma forma, em meu benefício, os ídolos enganosos que aniquilareis efetivamente, para a confusão dos maus, no dia de vossa ira. Concedei, Senhor, que eu julgue a mim mesmo após essa destruição que fizestes em meu proveito, a fim de que não me julgueis vós mesmos após a destruição completa que fareis de minha vida e do mundo. Pois, Senhor, como no instante de minha morte me encontrarei separado do mundo, despojado de todas as coisas, sozinho em vossa presença, para responder à vossa justiça por todos os movimentos de meu coração, concedei que me considere nessa doença como em uma espécie de morte, separado do mundo, despojado de todos os objetos aos quais tenho apego, sozinho em vossa presença para implorar de vossa misericórdia a conversão de meu coração e que, assim, eu receba a extrema consolação de que me envieis agora uma espécie de morte para exercer vossa misericórdia, antes que me envieis definitivamente a morte para exercer vosso julgamento. Fazei então, ó meu Deus, que, assim como antecipastes minha morte, eu antecipe o rigor de vossa sentença e examine a mim mesmo antes de vosso julgamento, para encontrar misericórdia em vossa presença.

IV

Concedei, ó meu Deus, que eu adore em silêncio a ordem de vossa providência na conduta de minha vida; que vosso flagelo me console e que, tendo vivido na amargura de meus pecados durante a paz, eu saboreie as doçuras celestes de vossa graça durante os males salutares com os quais me afligis. Mas reconheço, meu Deus, que meu coração está tão endurecido e cheio de pensamentos, cuidados, inquietudes e apegos ao mundo que nem a doença, nem a saúde, nem os discursos, nem os livros, nem vossas Escrituras Sagradas, nem vosso evangelho, nem vossos mistérios mais santos, nem as esmolas, nem os jejuns, nem as mortificações, nem os milagres, nem o uso dos sacramentos, nem o sacrifício de vosso corpo, nem todos os meus esforços, nem os de todo o mundo reunido, podem fazer absolutamente nada para dar início à minha conversão se não acompanhardes todas essas coisas com uma assistência extraordinária de vossa graça. É por isso, meu Deus, que me dirijo a vós, Deus Todo-Poderoso, para vos pedir uma dádiva que nem todas as criaturas juntas poderiam me conceder. Não ousaria dirigir a vós meus clamores se algum outro os pudesse atender. Entretanto, meu Deus, como a conversão de meu coração, que vos peço, é uma obra que ultrapassa todos os esforços da natureza, não posso me dirigir a ninguém senão ao autor e ao senhor todo-poderoso da natureza e de meu coração. A quem clamarei, Senhor, a quem recorrerei, se não a vós? Ninguém além de Deus pode atender à minha expectativa. É ao próprio Deus que peço e a quem busco; é só a vós que me dirijo para vos obter. Abri meu coração, Senhor; entrai nesta praça rebelde que os vícios ocuparam. Eles a mantêm subjugada. Entrai como que entra na casa do forte, mas antes amarrai o forte e poderoso inimigo que a domina e tomai, em seguida, os tesouros que ali estão. Senhor, tomai minhas afeições que o mundo roubou; roubai vós mesmos esse tesouro ou, antes, recuperai-o, pois é a vós que pertence, como um tributo que vos devo, já que vossa imagem ali está impressa. Vós a formastes, Senhor, no instante de meu batismo, que é meu segundo nascimento, mas ela se apagou completamente. A ideia do mundo gravou-se nela de tal modo que a vossa não é mais reconhecível. Somente vós pudestes criar minha alma; somente vós podeis criá-la de novo. Somente vós podeis formar vossa imagem; somente vós podeis reformá-la e reimprimir vosso retrato apagado, isto é, Jesus Cristo, meu Salvador, que é vossa imagem e a marca de vossa substância.

V

Ó meu Deus, como é feliz um coração quando pode amar um objeto tão encantador que não o desonre e cujo apego lhe é muito salutar! Sinto que não posso amar o mundo sem vos desagradar, sem me prejudicar e sem me desonrar. Entretanto, o mundo ainda é objeto de prazer para mim. Ó meu Deus, como é feliz uma alma quando vós sois o seu prazer, porque ela pode se entregar ao vosso amor, não apenas sem hesitação, mas também com mérito! A felicidade da alma é firme e durável, pois suas expectativas não serão frustradas, porque jamais sereis destruído, e nem a vida nem a morte jamais a separarão do objeto de seus desejos. E o mesmo momento que arrastará os maus e seus ídolos para uma ruína comum, unirá os justos convosco em uma glória comum. E, como alguns perecerão com os objetos perecíveis aos quais se apegaram, os outros subsistirão eternamente no objeto eterno e subsistente em si mesmo ao qual estão estreitamente unidos. Oh! Quão felizes são aqueles que, com uma liberdade total e uma inclinação invencível da vontade, amam perfeita e livremente o que são obrigados a amar necessariamente!

VI

Completai, ó meu Deus, as boas inclinações que me dais. Sede o seu fim como sois o princípio. Coroai vossas próprias dádivas, pois reconheço que estas são vossas dádivas. Sim, meu Deus, e bem longe de pretender que minhas orações tenham mérito que vos obrigue a atendê-las, reconheço muito humildemente que, tendo dado às criaturas meu coração, que havíeis formado somente para vós e não para o mundo, nem para mim mesmo, não posso esperar nenhuma graça senão de vossa misericórdia, pois não tenho nada em mim que possa vos obrigar a concedê-la, e todos os movimentos naturais de meu coração, voltando-se todos para as criaturas ou para mim mesmo, só podem vos irritar. Dou-vos graças, então, meu Deus, pelas boas inclinações que me dais e inclusive por esta que me dais de vos dar graças.

VII

Tocai meu coração com o arrependimento por minhas ofensas, pois, sem essa dor interna, os males externos com que tocais meu corpo seriam uma nova ocasião de pecado para mim. Fazei-me saber bem que os males do corpo nada mais são do que a punição e a figura dos males da alma conjuntamente. Mas, Senhor, concedei-me também que eles sejam o remédio da alma, me fazendo considerar, nas dores que sinto, aquela que não sentia em minha alma, embora toda doente e coberta de úlceras. Pois, Senhor, a maior de suas doenças é essa insensibilidade, e essa extrema fraqueza que a privou de toda a percepção de suas próprias misérias. Fazei-me senti-las vivamente, e que o que me resta de vida seja uma penitência contínua para lavar as ofensas que cometi.

VIII

Senhor, embora minha vida passada tenha sido isenta de grandes crimes, porque vós afastastes de mim as oportunidades de cometê-los, ela vos foi, ainda assim, bastante odiosa pela negligência contínua, pelo mau uso de vossos mais augustos sacramentos, pelo desprezo a vossa palavra e vossas inspirações, pela ociosidade e a inutilidade total de minhas ações e pensamentos, pelo completo desperdício do tempo que me destes apenas para vos adorar, para buscar em todas as minhas ocupações os meios de vos agradar e para fazer penitência pelas faltas que se cometem todos os dias e que são comuns até para os mais justos, de modo que sua vida deva ser uma penitência contínua sem a qual eles correm o risco de decair de sua justiça. Assim, meu Deus, fui sempre contrário a vós.

IX

Sim, Senhor, até aqui sempre fui surdo a vossas inspirações. Desprezei todos os vossos oráculos; julguei de forma contrária a que julgais; contradisse as santas máximas que trouxestes ao mundo desde o seio de vosso Pai Eterno e segundo as quais julgareis o mundo. Dissestes: "Felizes os que choram, pois serão consolados". E eu disse: "Infelizes os que gemem, e muito felizes os que são consolados". E eu disse: "Felizes os que desfrutam de uma próspera fortuna, de uma reputação gloriosa e de uma saúde robusta". E por que eu os considerei felizes, senão porque todas essas vantagens lhes forneciam uma ampla facilidade de desfrutar das criaturas, ou seja, de vos ofender? Sim, Senhor, confesso que considerei a saúde um bem, não porque ela seja um meio fácil para vos servir de modo proveitoso, para dedicar mais cuidados e vigílias a vosso serviço e para ajudar ao próximo, mas porque, graças a ela, eu podia abandonar-me com menos comedimento à profusão de delícias da vida e melhor saborear os prazeres funestos. Concedei-me a graça, Senhor, de reformar minha razão corrompida e de conformar meus sentimentos aos vossos. Que eu me considere feliz na aflição e que, na incapacidade de agir no exterior, purifiqueis de tal forma meus sentimentos para que não mais repugnem aos vossos e que, assim, eu vos encontre dentro de mim mesmo, porque não posso vos buscar no exterior devido à minha fraqueza. Pois, Senhor, vosso reino está em vossos fiéis, e o encontrarei em mim mesmo se ali encontrar vosso Espírito e vossos sentimentos.

X

Mas, Senhor, o que farei para vos obrigar a derramar vosso Espírito sobre essa miserável terra? Tudo o que sou vos é odioso, e não encontro nada em mim que vos possa agradar. Não vejo nada, Senhor, a não ser minhas dores, que tenha qualquer semelhança com as vossas. Considerai, portanto, os males de que sofro e aqueles que me ameaçam. Vede com olhos de misericórdia as chagas que vossa mão me fez, ó meu Salvador, que amastes vossos sofrimentos até na morte! Ó Deus, que não vos tornastes humano senão para sofrer mais do que nenhum outro humano para a salvação da humanidade! Ó Deus, que só vos encarnastes após o pecado humano e que não tomastes um corpo senão para nele sofrer todos os males que nossos pecados mereceram! Ó Deus, que amai tanto os corpos que sofrem que escolhestes para vós o corpo mais afligido por sofrimentos que jamais existiu no mundo! Olhai meu corpo com benevolência, não por ele mesmo, nem por tudo o que ele contém, pois tudo nele é digno de vossa cólera, mas pelos males que ele suporta, pois só eles podem ser dignos de vosso amor. Amai meus sofrimentos, Senhor, e que meus males vos convidem a me visitar. Mas, para concluir a preparação de vossa morada, fazei, ó meu Salvador, que, se meu corpo tem isso em comum com o vosso, que ele sofra por minhas ofensas e que minha alma também tenha isso em comum com a vossa, que se entristeça pelas mesmas ofensas e que, assim, eu sofra convosco e como vós, tanto em meu corpo quanto em minha alma, pelos pecados que cometi.

XI

Concedei-me a graça, Senhor, de reunir vossas consolações a meus sofrimentos, para que eu sofra como cristão. Não peço que me isenteis das dores, pois elas são a recompensa dos santos, mas peço que não me abandoneis às dores da natureza sem as consolações de vosso Espírito, pois essa é a maldição dos judeus e pagãos. Não peço também para ter uma plenitude de consolações sem nenhum sofrimento, pois essa é a vida na glória. Não peço também para ter uma plenitude de males sem consolações, pois esse é um estado do judaísmo. Peço-vos, porém, Senhor, para sentir conjuntamente tanto as dores da natureza por meus pecados quanto as consolações de vosso Espírito por vossa graça, pois esse é o verdadeiro estado do cristianismo. Que eu não sinta dores sem consolação, mas que sinta dores e consolação conjuntamente, para chegar, enfim, a não sentir mais que vossas consolações sem nenhuma dor. Porque, Senhor, deixastes o mundo padecer os sofrimentos naturais sem consolação antes da vinda de vosso único Filho. Agora consolais e amenizais os sofrimentos de vossos fiéis pela graça de vosso único Filho, e encheis com uma beatitude toda pura vossos santos na glória de vosso único Filho. Esses são os admiráveis degraus pelos quais conduzis vossas obras. Tirastes-me do primeiro; fazei-me passar pelo segundo, para chegar ao terceiro. Senhor, esta é a graça que vos peço.

XII

Não permitais que eu fique tão distanciado de vós que possa considerar vossa alma triste até à morte e vosso corpo abatido pela morte por meus próprios pecados, sem me alegrar por sofrer tanto em meu corpo quanto em minha alma. Pois o que há de mais vergonhoso e, ainda assim, de mais comum nos cristãos e em mim mesmo é que, enquanto verteis sangue para a expiação de nossos pecados, nós vivemos no prazer, e que os cristãos que declaram estar convosco, aqueles que, pelo batismo, renunciaram ao mundo para vos seguir;

aqueles que juraram solenemente perante a Igreja que viveriam e morreriam convosco; aqueles que declaram crer que o mundo vos perseguiu e crucificou; aqueles que creem que vos expusestes à cólera de Deus e à crueldade das pessoas para as redimir de seus crimes; aqueles, digo eu, que creem em todas essas verdades, que consideram vosso corpo como a vítima sacrificial que se entregou para sua salvação, que consideram os prazeres e os pecados do mundo como o único motivo de vossos sofrimentos, e o mundo mesmo como vosso carrasco, busquem, para agradar o corpo, esses mesmos prazeres, em meio a esse mesmo mundo? E que aqueles que não poderiam, sem tremer de horror, ver uma pessoa acariciar e estimar o assassino de seu pai, que teria se entregado para lhe dar a vida, possam viver como vivi, com plena alegria, em meio ao mundo que sei que foi, verdadeiramente, o assassino daquele que reconheço como meu Deus e meu Pai, que se entregou para a minha salvação, e que suportou em sua pessoa o castigo por nossas iniquidades? É justo, Senhor, que tenhais interrompido uma alegria tão criminosa quanto aquela na qual eu repousava à sombra da morte.

XIII

Portanto, removei de mim, Senhor, a tristeza que o amor-próprio poderia causar por meus próprios sofrimentos e pelas coisas do mundo que não acontecem como esperariam as inclinações de meu coração e que não conduzem à vossa glória. Colocai em mim uma tristeza conforme à vossa; que minhas dores sirvam para apaziguar vossa cólera. Fazei delas uma ocasião para a minha salvação e minha conversão. Que de agora em diante eu não deseje saúde e vida senão a fim de empregá-las e consumi-las por vós, convosco e em vós. Não vos peço nem saúde, nem doença, nem vida, nem morte;

mas que disponhais de minha saúde e de minha doença, de minha vida e de minha morte, para a vossa glória, para a minha salvação e para a utilidade da Igreja e de vossos santos, dos quais espero, por vossa graça, fazer parte. Só vós sabeis o que me convém: vós sois o mestre soberano, fazei o que quiserdes. Dai-me ou tirai de mim, mas conformai minha vontade à vossa e que, em uma submissão humilde e perfeita e em uma santa confiança, eu me disponha a receber as ordens de vossa providência eterna e adorar igualmente tudo o que provém de vós.

XIV

Concedei, meu Deus, que eu receba todo tipo de acontecimento em uma uniformidade de espírito constante, já que não sabemos o que devemos pedir e não posso desejar um acontecimento mais do que o outro sem presunção e sem me tornar juiz e responsável pelas consequências que vossa sabedoria quis corretamente me ocultar. Senhor, sei que sei apenas uma coisa: que é bom vos seguir e que é mau vos ofender. Fora isso, não sei o que é melhor ou pior em todas as coisas. Não sei o que me é mais benéfico, se a saúde ou a doença, a riqueza ou a pobreza, e assim com todas as coisas do mundo. Esse é um discernimento que ultrapassa a força dos seres humanos e dos anjos, e que está oculto nos segredos de vossa providência que eu adoro e no qual não desejo me intrometer.

XV

Fazei então, Senhor, que, tal como sou, me conforme à vossa vontade; e que, estando doente como estou, vos glorifique em meus sofrimentos. Sem eles não posso alcançar a glória.

E vós mesmos, meu Salvador, não quisestes alcançá-la senão por eles. Foi pelas marcas de vossos sofrimentos que fostes reconhecido por vossos discípulos, e é pelos sofrimentos que reconheceis também aqueles que são vossos discípulos. Reconhecei-me, portanto, como vosso discípulo nos males que suporto tanto em meu corpo quanto em meu espírito pelas ofensas que cometi. E, como nada é agradável a Deus se não lhe for oferecido por vós, uni minha vontade à vossa e minhas dores às que sofrestes. Fazei com que as minhas se tornem as vossas. Uni-me a vós; preenchei-me convosco e com vosso Espírito Santo. Entrai em meu coração e em minha alma, para lá levar meus sofrimentos e para continuar a suportar em mim o que vos resta sofrer em vossa Paixão, que completais em vossos membros até a consumação perfeita de vosso Corpo, a fim de que, estando pleno de vós, não seja mais eu quem vive e sofre, mas que sejais vós que vivais e sofrais em mim, ó meu Salvador, e que, assim, compartilhando uma pequena parte de vossos sofrimentos, vós me preenchais completamente com a glória que eles vos granjearam, na qual viveis com o Pai e o Espírito Santo, por todos os séculos dos séculos. Amém.

Sobre o autor

Blaise Pascal (1623-1662) foi um matemático, físico e filósofo francês. Escritor desde a tenra infância, compôs influentes tratados sobre as ciências naturais e as ciências aplicadas e, aos 19 anos, inventou a primeira máquina de calcular. Uma experiência religiosa em 1654 o levou a se dedicar à teologia e à filosofia. *Pensamentos*, sua obra magna, foi publicada postumamente, a partir de fragmentos deixados pelo autor.

Compartilhe suas impressões de leitura,
mencionando o título da obra, pelo e-mail
opiniao-do-leitor@mundocristao.com.br
ou por nossas redes sociais

Esta obra foi composta com tipografia Adobe Text Pro
e impressa em papel Pólen Natural 70 g/m² na gráfica Ipsis

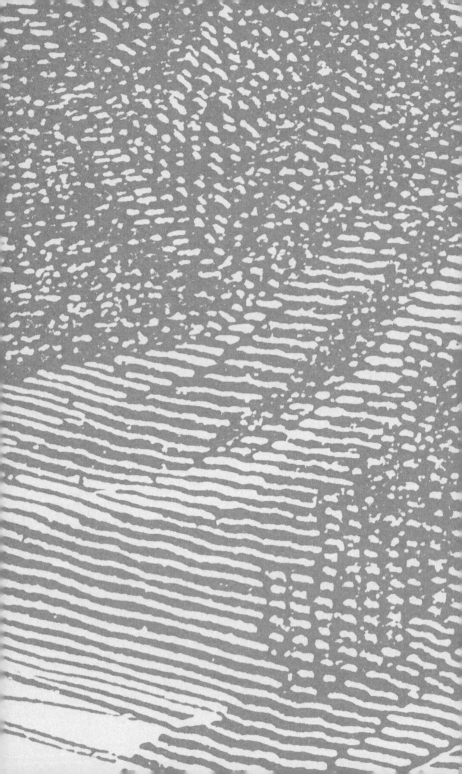